The Education Of *Karl Witte*

칼 비테
자녀 교육법

편역 뉴트랜스레이션

뉴트랜스레이션은 세계적 명성을 자랑하는 고전을 현대인이 읽기 쉽게 편역하고 있습니다. 원작의 특색은 충실히 따르되 아름다운 우리말의 운율과 품격에 어울리는 문장이 되도록 최선을 다해 노력하고 있습니다.

칼 비테 자녀 교육법

초판 1쇄 인쇄 | 2022년 6월 7일
지은이 | 칼 비테
편 역 | 뉴트랜스레이션
발행인 | 강민자
펴낸곳 | 다상출판
등 록 | 2006년 2월 7일
주 소 | 서울시 성북구 북악산로 3길 38-7
전 화 | 02-365-1507
팩 스 | 0303-0942-1507
이메일 | dasangbooks@hanmail.net

ISBN 979-11-968811-5-3 (03370)

The Education Of *Karl Witte*

칼 비테
자녀 교육법

칼 비테 지음
뉴트랜스레이션 편역

다산출판

미숙아로 태어난 아들을
천재로 키워낸 칼 비테

1808년 5월 23일 독일의 지역 신문인 〈함부르크 통신〉에 '지역 역사상 가장 놀라운 사건'이라는 제목으로 다음의 기사가 소개되었다.

> 칼 비테는 목사의 아들이다. 그가 공부를 시작한 지 5년밖에 되지 않았다는 사실을 믿을 수가 없다. 칼은 재능이 뛰어나지만 겸손하고, 여느 아이들처럼 건강하고 명랑하다.
> 칼의 아버지에 따르면 그는 타고난 천재가 아니라 합리적인 교육을 통해 각종 지식을 쌓았다고 한다.

이 기사는 1808년 독일 전역을 떠들썩하게 한 칼 비테 주니어의 천재 탄생을 알리고 있다.

대부분의 신생아가 '핏덩이'니 '갓난쟁이'라며 하찮게 대접받던 시절, 칼 비테 주니어는 독일의 한 시골 마을에서 미숙아로 태어났다. 그러나 목사였던 그의 아버지는 아들을 '영재'로 키워보겠다고 마음속으로 다짐한다.

아버지의 열정 덕분에 칼은 '가능성이 잠재된 아이'로 존중받으며 생후 15일부터 아기 침대에 누워 베르길리우스의 『아이네이스』를 들으며 자란다. 이후 세 살 때 모국어인 독일어를 깨치고, 여덟 살 무렵에는 프랑스어, 영어, 이탈리아어, 그리스어, 라틴어 등을 자유롭게 구사하기에 이른다. 이어 고작 아홉 살의 나이에 라이프치히 대학교의 입학 허가서를 받는다. 하지만 장학금을 받으며 괴팅겐 대학교에 입학했다. 이후 열세 살 때 기센 대학교에서 철학 박사 학위를 받고, 열여섯 살 때는 하이델베르크 대학교에서 법학 박사 학위를 받는다. 그리고 곧바로 베를린 대학교의 법학 교수로 임용되었다.

미숙아로 태어난 칼이 어떻게 이처럼 천재적인 학습 능력을 갖추게 되었을까? 그 이유를 몇 가지로 요약해 보았다.

첫째, 칼 비테 주니어는 훌륭한 부모를 만났기 때문이다. 저자는 이 책에서 영재의 탄생에는 어머니의 역할이 가장 중요하다고 강조하고 있다. 저자는 자신의 아내는 자녀에게 공부를 가르칠 때나 생활지도를 할 때 완벽하고 모범적인 어머니였다고 말하고 있다.

둘째, 아동 재능 체감의 법칙에 따라 적기에 어학 공부를 시켰기 때문이다. 저자는 모든 동물의 잠재력에는 '고정적인 한계선'이 있다고 믿었다. 그에 따라 6세 이전에 집중적인 어학 교육을 시켰다.

최근(2022년 현재) 국제 학술지 '네이처'에 따르면 뇌 크기는 생후 4개월째 접어들면 최대 용량의 10퍼센트 수준으로 커지고, 만 3세에 이르면 80퍼센트 수준까지 커지다가 11세쯤에는 최고조에 이르는 것으로 나타났다. 그중 인지 능력을 담당하는 대뇌 피질의 회색질은 5.9세에 최고 부피를 기록했다고 한다. 또한 5.9세 이후에는 회색질의 부피가 완만하게 줄어든다는 것이 밝혀졌다.

셋째, '심리 게임 학습법'을 활용했기 때문이다.

심리 게임 학습법이란 개나 고양이를 비롯한 동물들이 새끼들에게 생존을 위해 가르치는 훈련을 차용한 것이다. 심리 게임 학습법에 따르면 먼저 아이가 공부하고 싶은 충동을 느끼도록 분위기를 조성해야 한다. 그러나 바로 가르치지 않고 간절히 배우기를 원할 때까지 기다린 다음 가르친다. 책을 읽어줄 때는 드라마나 연재소설의 엔딩 기법을 활용해 가장 흥미를 끄는 부분까지 읽어준 뒤 갑자기 읽기를 중단해 궁금증을 증폭시키는 방법이다.

넷째, 인성을 중시한 전인교육이었기 때문이다. 예전이나 지금이나 조기교육은 늘 논란거리가 되어왔다. 그러나 칼 비테의 교육법은 지능 발달에만 초점을 맞춘 교육이 아니라, 아이에게 올바른 인성을 심어주어 행복한 생애를 보낼 수 있도록 고안된 '전인교육 프로그램'이라는 점이다.

1818년 독일에서 출판된 칼 비테의 『자녀 교육법』은 사람들 기억에서 한동안 잊혔다가 20세기에 접어들어 미국 하버드 대학교의 도서관에서 우연히 발견되면서 세상 사람들을 놀라게 했다. 이 책을 영어로 옮긴 하버드 대학교의 레오 위너 교수는 큰 감동을 받은 나머지, 기자 회견을 열어 앞으로 태어날 자신의 아이들을 천재로 키울 것이라고 호언장담했다. 레오 위너의 호언장담은 마법처럼 현실로 이루어져 그의 아들 노버트 위너가 열두 살 때 터퍼스 대학교에 입학해서 2년 만에 졸업했다. 그 뒤 그는 열네 살에 하버드 대학에서 박사 학위를 받았다.

이 책이 출간 당시 세상 사람들의 주목을 받지 못한 것은 조기교육에 부정적이었던 당시의 교육관과 대립했기 때문이다.

그러나 20세기에 접어들면서 프로이트를 비롯한 여러 심리학자들이 유아기의 교육이 이후의 발달 과정에 매우 큰 영향을 미친다는 견해를 내놓았다. 뒤이어 언어학자 노암 촘스키 역시 언어를 습득할 수 있는 '결정적 시기'가 비교적 어린 나이부터 시작된다는 연구를 발표했다. 이러한 학자들의 연구 결과가 발표되면서 언어 조기교육의 중요성이 본격적으로 대두되기 시작했다.

물론 현대인이 200년 전의 칼 비테처럼 자녀 교육을 하는 것은 쉽지 않다. 그러나 칼 비테의 교육법을 원칙으로 삼는다면 좀 더 효율적으로 학습할 수 있을 것이다.

칼 비테(1748~1831)와 칼 비테 주니어(1800~1883)가 살았던 전후 독일의 300년, 정확히 말해서 바로크 시대를 연 바흐가 탄생한 시기부터 1933년 히틀러가 정치 활동을 하기 전까지 독일에는 무수히 많은 천재가 태어나 활약했다.

그야말로 '유럽의 세 번째 르네상스, 두 번째 과학 혁명'이 일어난 시기였다. 이 시기의 독일은 내면의 풍요를 이상으로 삼았으며, 어떤 나라보다 많은 노벨상 수상자를 배출해 냈다. 더욱 흥미로운 사실은 많은 독일의 천재들이 루터교 목사의 자제들이었다는 점이다. 칼 비테 역시 목사였다.

마지막으로 이 책이 여러분의 자녀 교육에 작으나마 보탬이 되기를 기원한다.

Chapter 5 올바른 생활 습관은 삶의 질을 높인다

Chapter 6 인간관계의 비밀

． ． ．

모든 아이에게 고유의 잠재력을 이끌어낼 수 있는
교육을 한다면 누구나 타고난 능력을 살려 행복한 삶을 살아갈 수 있다.

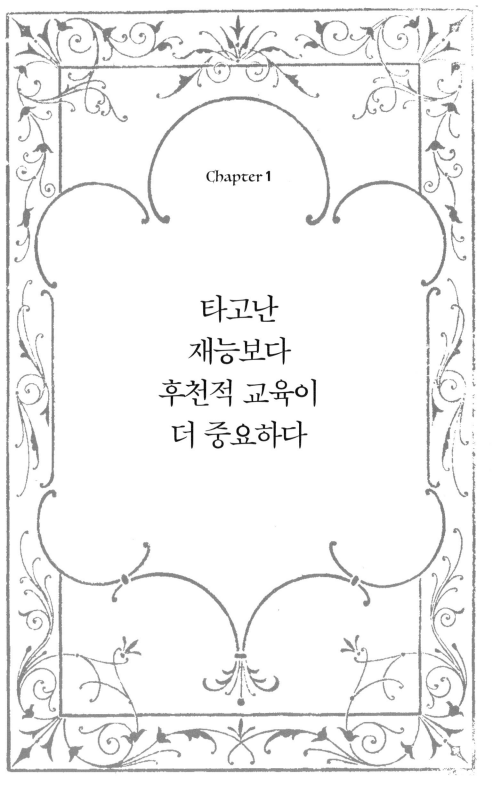

Chapter 1

타고난
재능보다
후천적 교육이
더 중요하다

밝고 건강한 여성을
아내로 맞다

갓난아이에게 세상은 낯설고 신기하기만 하다. 따라서 세상의 모든 부모는 이 연약하고 무력한 존재를 행복하게 살아갈 수 있도록 양육할 책임이 있다.

그러나 많은 부모들이 자녀가 두세 살이 되어서야 '아이를 어떻게 교육시킬 것인가?'를 고민하기 시작한다. 사실 부모로서 의무를 다하려면 아이가 태어나기 전부터 바람직한 부모 역할을 위해 마음의 준비가 되어 있어야 한다.

주변을 둘러보면 수많은 젊은이가 배우자를 고를 때 외모나 경제력을 우선시한다. 하지만 나는 배우자의 외적 조건이 중요하다고 생각하지 않았다. 나 자신은 물론이고 앞으로 태어날 자녀의 행복을 위해서라도 신체가 건강하고 선량한 여성을 만나야 행복한 가정을 이룰 수 있다고 생각했기 때문이다. 단, 가족력이나 눈에 띄는 문제점이 있는지는 살펴야 한다.

내가 아내를 배우자로 택한 이유는 근본적으로 선량하고 밝고 영리했기 때문이다. 아내가 이런 좋은 덕목을 두루 갖춘 덕분에 가난한 목사인 나와의 결혼 생활에서 별 갈등 없이 지낼 수 있었다.

불행하게도 우리는 첫아이를 너무나 빨리 잃고 말았다. 이후 아내는 오랫동안 크나큰 슬픔에 빠져 지냈다. 아내가 다시 원래대로 쾌활해진 것은 둘째 아이 칼을 임신한 후였다.

아내는 가임기 때부터 거의 날마다 마시던 맥주를 더는 마시지 않았다. 술을 마실 경우 태아의 발육이 늦어지고 지능도 떨어진다는 의사 친구의 조언을 들었기 때문이다. 아내가 임신하자, 나는 아내에게 뜨거운 욕조에 몸을 담그는 일을 삼가고, 적절한 온도의 물에 족욕을 하도록 권했다. 뜨거운 욕조에 들어가는 것은 아이에게 해로울 것 같았기 때문이다.

우리는 태교를 위해 호화롭고 사치스러운 것을 멀리했으며(물론 그럴 형편도 아니었지만), 틈만 나면 야외로 나가 신선한 공기를 마시고, 신이 내린 대자연의 아름다움에 심취해 지냈다.

임신 기간에 아내는 웬만한 거리는 마차를 타지 않고 걸어 다녔다. 가볍게 산책하는 동안 마음속으로 태어날 아이를 누구보다 훌륭하게 가르치겠다는 다짐을 했는지도 모른다. 나는 아내가 되도록 편안한 마음을 가질 수 있게 도왔다.

아내는 임신과 함께 일상적으로 해왔던 일을 더는 할 수 없게 되자 우울증을 호소했다. 그럴 때마다 나는 아내의 기분 전환을 위해 함께 야외로 산책하러 나가 대화 상대가 되어주었다.

"칼, 우리 아이는 독일에서 가장 지혜로운 사람이었으면 좋겠어요."

아내는 이런 말을 자주 했다.

확실히 뛰어난 지혜를 갖는 것만큼 큰 축복은 없다. 세상에서 제일가는 부자는 지혜로운 사람이라고 하지 않았던가?

우리 부부는 새로운 가족을 맞이하기 위해 일찍 자고 일찍 일어나는 규칙적인 생활을 했다. 그리고 나는 아내에게 건강한 먹을거리와 좋은 옷을 제공하기 위해 힘썼다.

아내가 칼을 임신했을 때 얼마나 먹을거리에 신경을 썼는지 모른다. 아내는 입버릇처럼 말했다.

"내가 먹는 음식은 아이에게 큰 영향을 미칠 거예요."

아내는 자극적인 음식은 절대 입에 대지 않았다. 자극적인 음식은 태아에게 나쁜 영향을 미친다고 생각했기 때문이다.

결혼 전에 나는 늦은 밤에 기도하고 독서하는 시간을 즐겼다. 온 집안 식구들이 모두 잠든 고요한 밤에 혼자 책을 읽고 상념에 빠져 지내는 시간이 얼마나 좋았는지 모른다. 하지만 아내가 임신하자 이 고요한 독서 습관을 중단해야 했다. 임신한 아내는 그 어느 때보다 남편의 세심한 보살핌을 필요로 했기 때문이다. 내가 늦게 까지 독서에 열중해 있으면 아내는 편히 쉬지 못할 게 뻔했다. 나는 사랑하는 아내와 곧 만나게 될 아이를 위해 흔쾌히 좋아했던 취미 활동을 접었다.

이탈리아의 화가 레오나르도 다빈치는 태교의 중요성에 대해 다음과 같이 말했다.

"어머니의 마음은 어머니 본인은 물론이고 태아의 신체까지 지배한다. 즉, 어머니의 의지력, 희망, 공포, 고통 등 모든 심리적 문제는 태아에게 엄청난 영향을 미친다. 따라서 자녀 교육은 임산부의 마음에서부터 시작해야 한다."

나는 자녀에게 올바른 인성, 즉 도덕적이고 진리를 사랑하는 마음을 갖게 하려면 아이가 배 속에 있을 때부터 준비해야 한다고 생각했다.

그런데 막상 아이가 태어나자 나는 한 가지 의문이 생겼다.

'과연 이 아이를 영재로 키우는 게 가능할까?'

많은 사람이 위인의 자녀들은 부모를 닮아 훌륭한 인물로 자랄 것으로 생각하지만 내 생각은 달랐다. 대부분의 위인은 자신의 일에 열정을 쏟느라 아이를 돌볼 여력이 없어 그런지, 그들의 자녀들이 부모처럼 유명해진 사례를 찾기가 힘들었다. 그들의 부인들역시 남편을 뒷바라지하느라 분주해서인지 자녀들의 양육에는 마음을 쓰지 못한 것 같았다.

거꾸로 역사에 이름을 남긴 위인들의 어린 시절을 조사해 보았다. 그러자 이 위인들의 뒤에는 하나같이 자녀 교육에 열정적인 어머니가 있었다.

칼은 어머니에게 감사해야 한다. 아내는 원래 강인한 성격이었지만 임신한 이후부터 더욱 강인해졌다. 어쩌다 괴로운 일이 있어도 오랫동안 실의에 빠져 지내지 않았다. 나는 그런 아내가 대견스러웠다.

아내는 칼에게 공부를 가르칠 때나 생활지도를 할 때 완벽하고 모범적인 어머니의 모습을 보였다. 아내는 칼에게 선량함과 지혜로움, 강인한 정신을 심어주기 위해 모든 열정을 쏟았다. 이런 아내의 노력 덕분인지 칼은 힘든 일이 있어도 두려워하지 않고 앞을 향해 나아갔다.

많은 어머니들이 자녀 교육을 타인에게 맡기는데, 이것은 무책임한 행동이다. 어머니 자리를 대신할 수 있는 사람은 이 세상 어디에도 존재하지 않기 때문이다. 지구상에 자녀 교육을 남에게 맡기는 동물이 있는가? 아마도 사람이 유일할 것이다.

물론 개인적인 사정으로 사람을 고용해서 아이를 보살필 수도 있다. 경제적으로 여유가 있어서 사람을 고용하면 집안일을 도움받을 수 있어 편리하기는 하지만, 아이의 교육만큼은 위임해서는 절대로 안 된다.

우리 집에도 집안일을 도와주는 사람이 있었지만, 아내는 되도록 아이의 곁을 떠나지 않았다. 사정이 생겨 도저히 아이를 돌볼 수 없을 때만 잠깐 아이를 맡겼다.

누군가가 말했다.

"민족의 운명은 어머니의 손에 달렸다."

나는 이 말에 동감하지만, 과연 이 말의 깊은 의미를 아는 사람이 얼마나 될지 의심스럽다. 어머니가 될 자격을 충분히 갖추지 못한 여성이 자녀를 가르치면 교육에 실패할 수밖에 없다. 자녀 교육은 국가의 운명을 결정하는 중대사라는 사실을 안다면 부모들도 자녀 교육에 대해 좀 더 깊은 성찰을 하게 될 것이다.

ⓣip 태교 워킹

미국 캔자스시티 대학교의 운동생리학자였던 린다 메이 박사의 연구팀은 '임산부의 운동과 태아의 건강'에 대해 연구했다. 연구 결과 하루 30분씩 주 3회 걷기 운동을 한 임산부의 태아는 일반 아기에 비해 심장박동수가 낮은 것으로 나타났다. 심장박동수가 낮다는 것은 아기의 심장이 그만큼 튼튼하다는 것을 의미한다.

또한 이 연구팀은 태아의 심혈관 체계가 임신 1개월 후부터 발달하기 시작한다는 사실을 발견했다. 이것은 임산부의 운동 시기가 빠르면 빠를수록 아기의 심장도 더 빠르게 성장하고 건강해질 수 있음을 뜻한다. 메이 박사는 "자녀가 태어난 이후에 건강을 챙기는 것보다 임신 기간에 운동하는 것이 자녀의 심장을 튼튼하게 만드는 데 훨씬 효과적"이라고 말했다.

타고난 재능보다
후천적 교육이 중요하다

클로드 아드리앵 엘베시우스1715~1771는 말했다.

"사람은 누구나 똑같이 태어난다. 그러나 어떤 환경에서 자라느냐에 따라 천재가 되기도 하고, 평범한 사람이 될 수도 있으며, 심지어 바보가 될 수도 있다. 또한 평범한 아이도 올바른 교육을 받으면 위대한 사람이 될 수 있다."

나는 엘베시우스의 말에 크게 공감했으므로 사람들을 만나기만 하면 그가 했던 말을 들려주었다. 하지만 엘베시우스의 생각이 전적으로 옳다고 할 수는 없다. 자녀의 성장 환경이 중요한 것은 사실이지만 개인마다 타고난 성향이 다르기 때문이다.

오래전부터 교육계에서는 천재를 바라보는 대립된 개념이 존재했다.

철학자 루소는 교육학 저서 『에밀』에서 이런 말을 했다.

"한 배에서 난 강아지들이 같은 장소에서 똑같은 훈련을 받아도 그 결과는 천양지차이다. 어떤 강아지는 영리한 데 비해 어떤 강아지는 우둔하다. 이런 차이가 나는 것은 타고난 성향이 다르기 때문이다."

반면 세계적인 교육자 페스탈로치는 다른 관점에서 이야기했다.

"쌍둥이 망아지 두 마리 중 한 마리는 가난한 농부에게, 한 마리는 중산층의 똑똑한 사람에게 보내져 자라났다. 가난한 농부에게 보내진 망아지는 어릴 때부터 돈벌이에 이용돼 짐을 싣는 마바리가 되었지만, 중산층의 똑똑한 주인에게 보내진 망아지는 전혀 다른 운명을 맞았다. 주인의 애정 어린 보살핌 속에서 자란 이 망아지는 뛰어난 명마로 성장했다."

위에서 소개한 두 사례를 인간에게 대입해 보자.

전자는 운명을 결정짓는 요인은 환경이 아니라 타고난 재능이라고 했고, 후자는 후천적 환경이 재능보다 중요하다고 밝혔다. 학계에서는 루소의 주장에 우호적이다. 앞서 말한 엘베시우스는 페스탈로치의 견해에 더 가깝다. 나 역시 엘베시우스의 주장에 공감하지만, 전적으로 동감하지는 않는다.

아이들은 누구나 각기 다른 재능을 타고난다. 편의상 뛰어난 아이의 재능을 100, 바보의 재능을 10 이하, 평범한 아이의 재능을 50이라고 하자(세상에는 평범한 아이가 대다수를 차지한다).

이렇게 타고난 아이들이 똑같은 교육을 받는다면 재능에 따라 각자의 운명이 달라질 것이다. 하지만 현실 세계에서는 대부분의 아이가 제대로 된 교육을 받기 어려워 타고난 재능을 절반도 발휘하지 못한다.

게다가 대부분의 영재교육도 큰 성공을 거두지 못하고 있다. 부모가 아이의 감성적 소양이나 창의력, 상상력을 뒤로한 채 성적을 올리는 데에만 골몰하기 때문이다. 그 결과 많은 아이들이 반항심과 스트레스 속에서 하루하루를 살아가고 있으며, 그들의 잠재력은 성장과 함께 소멸되고 만다.

하지만 모든 아이에게 고유의 잠재력을 이끌어낼 수 있는 교육을 한다면 누구나 타고난 능력을 살려 행복한 삶을 살아갈 수 있다.

많은 유명인이 어린 시절, 부모가 좀 더 열심히 노력하라고 다그치고 재촉하는 바람에 극심한 강박관념에 시달리며 살았다고 회고하고 있다.

존 스튜어트 밀^{1806~1873}은 엄격한 아버지로 인해 청소년기를 매우 우울하게 보냈다고 술회했다. 그는 매사에 아버지의 간섭을 받으며 쉴 없이 공부해야 했다고 한다. 휴식은 물론이고 자유로운 취미 활동은 상상할 수도 없었던 그는 20대 초반에 극심한 신경쇠약에 시달렸다고 한다. 밀은 자서전을 통해 자신의 청소년기를 다음과 같이 밝히고 있다.

"아버지가 못마땅하게 생각하는 부분이 있으면 그 자리에서 당장 고쳐야 했다. 아버지와의 수학 토론은 늘 즐겁게 시작됐다. 그러나 계산을 하다가 실수라도 하는 날이면 아버지는 일순간에 잔혹한 야수로 변해 버렸다."

칼 폰 루트비히의 어린 시절 이야기도 우리를 몹시 안타깝게 한다. 그 역시 남다른 재능을 타고났지만, 아버지의 욕심 때문에 재능을 제대로 꽃피우지 못했다.

칼 폰 루트비히는 여덟 살 때 대학 수준의 수학을 공부했고, 아홉 살 때 미적분을 배우고 희곡을 쓰기 시작했으며, 열한 살 때 대학 과정을 모두 마쳤다. 교수들은 루트비히가 세계적인 수학자가 되리라고 믿어 의심치 않았다. 그러나 루트비히는 대학원 2학년 때 수학에 흥미를 완전히 잃어버리는 바람에 결국은 머리를 전혀 쓸 필요가 없는 평범한 사무원 생활을 하며 삶을 마감했다.

두 사람의 사례는 교육 방법의 중요성을 잘 드러내 준다. 교육 방법이 올바르지 않으면 천부적인 재능을 타고난 아이도 재능을 꽃피우지 못한다. 하물며 평범한 아이는 어떻겠는가?

아이의 재능을 키워주기 위해서는 유년 시절부터 신중하고 일관성 있는 교육이 필요하다.

유아기는 도자기를 만드는
찰흙과 같다

언젠가 친구에게 이런 말을 한 기억이 난다.

"역사적으로 널리 알려진 위인이나 천재도 개인적인 삶을 들춰보면 이런저런 결함이 있다네. 만약에 그들이 좀 더 체계적인 교육을 받았더라면 어땠을까? 이를테면 그들이 지혜, 정직, 겸손 등의 미덕을 고루 갖추었더라면 훨씬 더 멋지게 인생을 살아가지 않았을까?"

사람의 인격은 대부분 어린 시절에 받은 교육에 의해 형성된다. 그 이유는 어린 시절부터 자주 사용되는 뇌세포는 살아남고, 사용되지 않는 뇌세포는 사라지기 때문이다. 그래서 우리는 어린 시절에 경험한 문화와 사회에 최적화된 뇌를 가지고 살아가게 되는 것이다.

따라서 한 국가의 도덕관은 아이들에게 어떤 교육을 시키느냐에 따라 달라진다. 고대 그리스의 지식·예술·자유주의, 로마의 보수적인 무예 숭상주의, 유대인의 열정적인 종교주의는 모두 유년기 때 받은 교육에서 탄생했다.

『국가론』을 통해 이상적인 국가의 정부 형태를 논한 플라톤은 교육은 사회의 기초를 닦는 것이라고 밝히고 있다.

도자기를 사람에 비유한다면 유년기는 도자기가 만들어지기 전의 점토 상태라고 볼 수 있다. 이 시기에 어떤 교육을 받느냐에 따라 도자기의 가치가 결정된다. 따라서 자녀 교육은 될 수 있는 한 빨리 시작하는 것이 좋다.

나의 교육 철학은 아이의 잠재력을 적기에 개발해 주자는 것이었다. 예컨대 아이의 지능이 형성되는 시점부터 교육을 시작해야 좋은 결실을 기대할 수 있다고 주장했다. 그러나 당시 사회 분위기는 일고여덟 살부터 교육을 시작해야 한다는 것이 절대적이었다. 그래서 나의 주장은 늘 반대 의견에 부딪혀 논란이 되었다.

조기교육을 반대하는 이론에 영향받은 사람들은 '평범한 아이도 영재로 만들 수 있다.'는 나의 주장에 대해 검토할 가치도 없는 이론이라고 치부해 버렸다. 나는 그런 현실이 매우 안타까웠지만 신념을 잃지 않았다.

나는 칼이 동갑내기 친구들에게 뒤처지지 않게 하려고 '계획적 조기교육'을 실행했다. 비록 칼이 미숙아로 태어나긴 했지만, 노력을 통해 타고난 재능을 80~90퍼센트, 아니 그 이상으로 발휘할 수 있다고 확신했기 때문이다. 이를 실행하기 위해 칼의 지능이 형성되는 순간부터 교육을 시작했다.

조기교육을 하기 전에 나는 인간의 잠재력부터 살펴봤다. 생물학, 생리학, 심리학 등의 여러 연구 논문을 검토한 결과, 인간은 특수한 능력을 타고난다는 사실을 알 수 있었다. 단지 그 능력이 겉으로 표출되지 않을 뿐이다.

예를 들어 상수리나무의 잠재력을 살펴보자. 상수리나무는 이상적인 환경에서는 최대 30미터까지 자랄 수 있다고 한다. 마찬가지로 어떤 사람이 이상적인 환경에서 성장할 경우 타고난 재능을 100까지 달성한다고 가정했을 때, 사람들은 그 사람에게 100 정도의 잠재력이 있다고 말한다. 여기에서 '잠재력'이란 영재가 될 수 있는 가능성을 뜻하는데, 이는 선택받은 몇몇 사람에게만 있는 것이 아니라 누구에게나 내재되어 있다.

물론 이상적인 환경을 만들어주는 일은 쉽지 않다. 상수리나무가 30미터까지 자랄 가능성이 있다고 하지만, 실제로 그렇게 자라는 사례는 드물다. 대개 12~15미터 정도 자라고, 열악한 환경에서는 6~9미터 정도 자라다 성장이 멈춘다. 하지만 알맞은 양의 비료와 물을 주며 정성껏 보살피면 18~21미터, 높게는 24~27미터까지 자란다. 이와 마찬가지로 100 정도의 재능을 타고난 아이가 올바른 교육을 받지 못한 채 방치되면 타고난 재능을 20~30 정도

밖에 발휘하지 못한다. 하지만 다시 적절한 교육을 받으면 60~70을 넘어 심지어 80~90까지 재능을 발휘할 수 있다.

하지만 현실적으로 대부분의 사람은 타고난 능력과 잠재력을 제대로 발휘하지 못한 채 살아가고 있다. 영재가 드문 이유이다.

그렇다면 어떻게 해야 아이를 영재로 키워낼 수 있을까? 가장 먼저 해야 할 일은 아이의 잠재력을 조기에 개발하는 것이다.

아이의 잠재력, 즉 한 인간의 내재된 재능은 시간이 지날수록 퇴화한다. 교육의 시기가 늦어지면 결국 아이의 잠재력은 소멸되고 만다. 이것이 아동 재능 체감의 법칙이다.

아동 재능 체감의 법칙이 존재하는 이유는 모든 동물의 잠재력에는 '고정적인 한계선'이 있기 때문이다. 다른 점이 있다면 한계선의 길이 차이다. 예를 들어 병아리가 어미닭을 쫓아다니는 잠재력의 한계선은 생후 4일이다. 그 기간이 지나도록 잠재력이 나타나지 않는 병아리는 어미닭을 쫓아다니는 것을 영원히 잊고 살아간다. 그리고 어미닭의 소리를 식별하는 능력은 생후 8일 안에 나타난다. 8일 안에 어미닭의 소리를 식별하는 능력이 나타나지 않으면 영원히 그 기능을 잃고 만다.

사람도 마찬가지이다. 스콧 부부는 어린 아들을 데리고 항해를 떠났다가 배가 전복되는 바람에 간신히 열대 우림의 무인도에 닿았다. 그러나 불행하게도 스콧 부부는 열사병으로 죽고 9개월 된 어린 아들은 고릴라 무리와 함께 생활하게 되었다.

20년 뒤 영국의 한 상선에 의해 구조된 스콧의 어린 아들은 어떻게 되었을까?

과학계는 고릴라처럼 나뭇가지 사이를 자유자재로 옮겨 다니는 스콧의 아들에게 비상한 관심을 보였다. 많은 과학자가 갖은 노력을 기울여 스콧의 아들이 인간다운 삶을 영위할 수 있도록 도왔다. 그들의 노력 덕분인지 스콧의 아들은 10년 뒤 스스로 옷을 입고, 두 발로 걸었다. 하지만 끝내 말을 배우지 못했고, 네 발로 걸을 때 훨씬 더 자유로워했다. 그리고 자신이 원하는 것을 표출할 때는 고릴라의 울음소리를 냈다.

스콧의 아들은 왜 말을 배우지 못했을까? 언어 능력의 최종적인 한계는 유아기에서 끝난다. 따라서 이미 스무 살이 넘은 스콧의 아들은 언어를 배울 수 있는 적기를 놓쳐 버렸기 때문에 말을 배울 수 없었던 것이다.

아무리 지적 잠재력이 뛰어나다고 해도 제때 교육을 받지 못하면 무용지물이 된다. 잠재력은 나이가 들면 자연스럽게 소멸되므로 적기를 놓치지 말아야 한다. 적기 교육은 매우 중요하기 때문이다.

아동 재능 체감의 법칙에 따른 교육

아동 재능 체감의 법칙에 따른 교육의 적기는 언제부터일까? 내가 경험한 바에 따르면 아이는 태어나는 순간부터 교육을 받는 것이 옳다.

네 살 이전의 유아는 다섯 살 이상의 아이들과는 전혀 다른 방식으로 사물을 받아들인다. 갓 태어난 아기는 사람의 얼굴을 정확히 구별하지 못한다. 3, 4개월이나 5, 6개월이 되어야 부모와 타인의 얼굴을 구분한다. 이때 아이들은 사람의 얼굴 특징을 보고 판별하는 것이 아니라 수차례 반복해서 관찰한 뒤에 순간적으로 전체 인상을 기억한다.

네 살 이전의 아이들은 사물을 반복해서 봐도 싫증을 내지 않기 때문에 정보를 주입하기에 가장 적기이다. 이 시기 아기의 대뇌는 백지 상태이기 때문에 외부의 정보를 있는 그대로 흡수해 버린다. 따라서 이 시기에 아이가 잘못된 정보를 무분별하게 받아들이게 되면 그것이 '성격'으로 고착될 수 있다. 네 살가량 된 아이의 행동을 보면 어떤 성격의 소유자로 성장할 것인지 어느 정도 예상할 수 있다.

아이가 태어나는 순간은 기나긴 인생길의 출발선에 선 것과 같다. 아이가 태어난 날부터 부모는 자녀 교육의 책임을 져야 할 의무가 있다. 그 길은 멀고 복잡할 뿐 아니라 부모로서의 책임도 크다.

그렇다면 네 살 이전의 아이에게 무엇을 가르쳐야 할까? 대뇌활동의 기초가 되는 것부터 훈련시켜야 한다.

갓 태어난 신생아의 잠재력을 일깨우는 방법은 의외로 매우 간단하다. 아이가 목말라하면 물을 주고, 배고파하면 젖을 주며, 용변을 보면 기저귀를 갈아주는 등 아이의 기본적인 요구 사항을 빨리 해소해 주면 된다. 이때 중요한 것은 아이가 부모의 사랑과 관심을 받고 있다는 것을 느끼게 하는 것이다. 아이는 부모와 성공적인 교감이 이루어졌을 때 비로소 정서적인 안정을 찾을 수 있기 때문이다.

독일 속담에 '음식이 그 사람의 성격을 결정한다.'라는 말이 있다. 나는 아이가 먹는 음식에도 각별히 신경을 썼다.

우리 부부는 칼에게 젖을 먹이기 전에 반드시 과즙이나 야채수

프를 먹였다. 칼은 곡물보다 과즙이나 야채수프를 더 좋아했다. 나는 사람은 보편적으로 자기 몸에 필요한 음식을 선호한다고 생각하고 있었으므로 아이의 식성을 존중했다.

그리고 칼이 생체리듬을 잘 유지하도록 돕기 위해 생후 보름 동안은 정해진 시간에 모유와 물을 먹였다. 또한 제대로 된 식사를 시작한 뒤로는 간식으로 물 외에 다른 음식을 주지 않았다. 위가 운동하려면 많은 혈액을 필요로 하는데, 시도 때도 없이 음식을 섭취하게 되면 뇌에 혈액이 충분하게 공급되지 않는다. 그러면 대뇌 발달이 원활하게 이뤄지지 못한다고 생각했기 때문이다.

칼이 성장한 뒤 주변 사람들은 한결같이 이런 말을 했다.

"아이가 너무 건강해서 영재 같지 않아요."

사람들이 이런 반응을 보인 것은 일반적으로 영재의 이미지를 떠올릴 때 허약하고 창백한 모습을 연상하기 때문이 아닐까 생각한다. 물론 영재 중에는 몸이 허약한 아이도 있다. 하지만 몸이 허약한 영재를 기준으로 모든 영재는 병약할 것으로 생각하는 것은 잘못이다.

나는 건강을 매우 중시했기 때문에 칼이 갓난아기 때부터 의식적으로 신체 단련에 신경을 썼다. 날씨가 좋은 날이면 칼을 야외로 데리고 나가 대자연 속에서 풍욕을 시켰다. 풍욕을 시킬 때는 목에 두른 턱받이를 풀어주어 따뜻한 햇볕 아래 온몸을 자유롭게 움직일 수 있도록 했다.

이런 노력 덕분인지 칼은 생후 6주 만에 4개월 된 아기만큼이나 자랐다. 칼은 파악 반사(신생아의 손바닥을 검사자의 손가락으로 건드리면 꽉 붙잡는 반응으로 원시 반사의 일종)로 종종 내 손가락을 꼭 움켜쥐곤 했는데, 그럴 때는 마치 철봉에 매달린 것처럼 힘을 주었다. 생후 2개월이 지나 파악 반사가 사라졌을 때 칼의 팔은 기어다녀도 될 만큼 튼튼해졌다. 서너 살이 됐을 때는 원숭이처럼 나무토막에 매달려 턱걸이를 하도록 유도했다.

그리고 목욕을 시킬 때는 반드시 손발을 마사지해 주었다. 마사지는 혈액 순환을 촉진하고 민첩성을 기르는 데 도움이 된다.

이러한 모든 노력 덕분인지 미숙아로 태어났던 칼은 건강하고 활발한 정상아로 자라났다.

ⓣip 풍욕의 놀라운 효과

풍욕風浴은 바람으로 하는 샤워를 말한다. 프랑스의 의학자 로브리 박사가 창안했다고 해서 '로브리요법Laubry Therapy' 또는 '대기요법大氣療法'이라고도 한다.
공기 중에는 산소, 질소 등 인체에 유익한 요소들이 많다. 우리의 몸은 호흡으로 마신 산소로 음식물을 태워 에너지로 활용한다. 에너지를 다 쓰면 이산화탄소, 요산, 대변 등과 같은 노폐물을 체외로 내보낸다. 사람이 건강을 유지하려면 균형 있는 음식물을 섭취한 다음 산소로 에너지를 만들어 쓴 뒤 노폐물을 몸 밖으로 배출하는 순환 기능이 잘 이루어져야 한다.
풍욕으로 몸의 순환 기능이 잘 이루어지도록 도울 수 있다.

오감 훈련을
하는 방법

어린아이가 가진 잠재력을 최대치로 끌어내려면 오감 즉, 시각·청각·후각·미각·촉각 훈련이 제대로 이루어져야 한다. 오감 훈련을 통해 두뇌를 자극해야 뇌가 원활하게 발달한다. 아기는 청각이 시각보다 먼저 발달하므로 나는 그에 맞는 교육을 했다.

가장 좋은 청각 훈련 방법은 노래를 들려주는 것이다. 칼은 운이 좋게 엄마의 배 속에 있을 때부터 아름다운 노래를 듣고 자랐다. 아내의 노랫소리는 감미롭고 청량감이 있었다. 나는 노래에는 자신이 없어서 시를 읊어주었다. 덕분에 칼은 늘 노래와 시를 들으며 자랐다.

생후 6주째 접어들면서 나는 베르길리우스가 쓴 서사시 『아이네이스』를 들려주었다. 천천히 부드러운 목소리로 또박또박 읽어주었다. 신기하게도 칼은 시를 들으며 편안하게 잠이 들었다. 칼은 시구의 리듬에 따라 서로 다른 반응을 보였는데, 흥분했을 때 『미녀의 꿈』을 들려주면 조용해졌다.

칼은 두 살이 되자 『아이네이스』의 앞부분을 암송했다. 칼이 시구를 암송한 것은 내가 억지로 시켜서 한 것이 아니라 본인 스스로의 의지로 한 것이다. 그즈음 나는 칼에게 음계를 익힐 수 있도록 작은 종을 구입해 쳐주었더니 칼은 6개월이 채 되기도 전에 정확하게 음계를 구분해 종을 울렸다.

칼이 생후 2~3주가 되자, 나는 시각 훈련을 위해 대여섯 가지 색이 들어간 모빌을 걸어놓고 살랑살랑 흔들어주었다. 모빌과 함께 프리즘을 벽에 걸어두고 빛을 반사해서 무지개를 보여주기도 했다. 칼은 무지개를 몹시 좋아해서 서럽게 울다가도 무지개만 보면 울음을 뚝 그쳤다.

그리고 올바른 미각을 갖게 하기 위해 식재료 원래의 맛을 고스란히 음미할 수 있도록 도왔다. 이때 설탕과 소금의 양을 조절해 나쁜 식습관을 갖지 않도록 해주었다.

생후 한 달 만에 칼이 고개를 들었다. 나는 칼의 발을 조금씩 앞으로 밀어주어 기어 다닐 수 있게 도왔다. 기어 다니기 시작하면 목 주변의 근육이 발달하고, 고개를 들면 마음대로 주변의 사물을 볼 수 있어 뇌 발달을 촉진시킨다.

시각 훈련과 함께 시작한 것이 관찰 훈련이다. 관찰 훈련은 색채를 이용하는 것이 효과적이다. 그림책을 보고 자란 아이는 그렇지 않은 아이보다 창의력도 높고 두뇌 회전도 빠르다.

나는 미숙하긴 했지만 예쁜 꽃과 동물을 직접 그려주기도 하고, 그림책을 구입해 보여주기도 했다. 물론 아이가 그림을 제대로 감상하지는 못하겠지만, 조용히 바라보는 것으로 보아 그림에 흥미가 있다는 것을 알 수 있었다. 그 외에도 형형색색의 구슬이나 헝겊 인형으로 놀이를 했다. 어릴 때 색채 훈련을 시키지 않으면 성인이 되었을 때 색채에 대한 감각이 떨어진다. 당시 나는 유명 화가의 모사 그림과 조각가의 모조 조각품으로 아이의 방을 꾸며준 다음, 자연스럽게 예술적 심미안을 기르도록 유도했다.

칼이 걸음마를 시작하면서부터 같이 산책하러 나갈 때면 주변의 자연경관과 사람들의 옷 색깔을 통해 색채 감각을 일깨워 주었다.

그 밖에도 '사물 보기 게임'을 즐겼다. 사물 보기 게임이란 상점을 지날 때 진열장 안에 무엇이 있느냐고 물어 정확한 대답을 하면 칭찬하는 것을 말한다. 이 게임은 관찰력과 집중력을 길러주는 데 매우 효과적이며, 기억력 훈련에도 좋은 방법이다. 칼은 게임을 하는 사이에 관찰력과 집중력이 놀라울 정도로 향상되었다.

칼이 세 살 때, 모조 조각품을 사러 상점에 들른 적이 있었다. 그때 칼이 상점 주인에게 물었다.

"왜 여기에는 다비드상이 없는 거예요?"

칼의 말을 듣고 주인은 깜짝 놀랐다. 세 살짜리 아이가 '다비드상'이라는 구체적인 미술 용어를 구사했기 때문이다.

그리고 나는 아이들이 형용사를 배울 때 주의력이 떨어진다는 것을 알고 있었으므로 실물을 이용해 교육을 했다. 갖가지 색의 풍선을 통해 '푸르다', '빨갛다', '동그랗다' 같은 형용사를 익히도록 한 것이다. 이후 사포와 나무토막을 주며 '거칠다', '매끄럽다' 등의 형용사를 분명하게 알 수 있도록 했다.

또한 나는 칼의 손을 끊임없이 움직이게 했다. 칼이 잠에서 막 깨어나 손바닥을 쫙 펴면 재빨리 물건을 쥐어 주었으며, 늘 손으로 무언가를 만지거나 손뼉을 치도록 유도했다. 생후 8, 9개월로 접어들자 종이와 연필을 쥐어 주어 그림을 그릴 수 있게 했다. 물론 칼이 그린 그림은 낙서에 불과했지만, 손으로 뭔가를 했다는 것 자체가 큰 수확이었다.

단, 이 모든 것은 강제성이 없어야 한다. 내가 칼을 열심히 교육한 것은 잠재력을 잃게 될까 봐 염려했기 때문이다.

❶ip 신화를 바탕으로 한 『아이네이스』

로마의 시인 베르길리우스가 그리스 신화에 나오는 영웅이자 트로이 장군 아이네이아스의 고투를 노래한 서사시로, 라틴어로 쓰인 최고의 걸작으로 손꼽힌다. 전체 12편으로 구성되어 있으며, 라틴어 6각운으로 썼다. 저자는 일리아스와 오디세이아를 종합해 서사시의 주제와 신화적 자료들을 구성했다. 신화를 바탕으로 한 이 서사시는 로마의 건립을 칭송하는 내용이다. 베르길리우스는 호메로스, 단테와 함께 3대 서사시 작가로 불린다.

미국의 유명 소셜 네트워크 서비스인 페이스북은 『아이네이스』의 로마 건국 신화를 모델로 삼아 만든 웹사이트이다. 이곳에서는 인간 대 인간의 다양한 사교가 이루어진다. 『아이네이스』는 전진하고 확장하는 진보적인 정신을 제시했고, 저커버그는 그것을 웹상으로 옮겨 끊임없이 전 세계로 확장해 나가는 네트워크를 만들었다.

. . .

최고로 흥미를 유발하는 부분에서 갑자기 이야기를 중단해
궁금증을 증폭시켰다. 그러고는 뒷부분의 이야기가 궁금하면
스스로 만들어내게 했다.

Chapter 2

흥미를 유발하는
게임 형식의
공부법

언어 능력,
생후 15일부터 가능하다

언어는 생각의 도구인 동시에 지식을 학습하기 위한 도구이다. 따라서 언어를 배우지 않으면 다양한 지식을 얻는 것이 불가능하다.

인간의 언어 능력이 발달하는 최적기가 있다. 여섯 살 이전이 언어를 배우기에 가장 알맞다. 일곱 살 이전에 언어를 습득한 아이는 그렇지 못한 아이들보다 두뇌의 발달 속도가 훨씬 빠르다. 아이가 자신이 가진 재능을 마음껏 발휘하기 위해서라도 언어는 빨리 배우는 것이 좋다.

칼이 신생아 때 사람의 목소리와 사물의 소리에 예민하게 반응하는 것을 보고 말을 가르쳐도 되겠다고 생각했다. 그렇다면 언제부터 말을 가르쳐야 할까?

생후 15일부터이다. 나는 이 시기부터 언어를 가르쳤다. 생후 15일이 되자 칼은 엄마, 아빠가 내민 손가락을 움켜쥐었다. 그러고는 손가락을 입에 물고 빨았다. 이때 나는 편안한 목소리로 "손가락, 손가락" 하며 반복해서 들려주었다.

칼이 사물을 구분하기 시작하자 나는 사물의 이름을 소개하면서 반복해서 들려주었다. 그러자 칼은 정확하지는 않았지만, 사물의 이름을 말하기 시작했다.

부모는 이 시기를 놓치지 말고 말할 기회를 주고, 아이가 듣기 훈련을 잘할 수 있도록 환경을 조성해야 한다. 물론 훈련의 강도를 높인다고 해서 말문이 빨리 트이는 것은 아니다. 아이는 옹알이를 하는 사이에 조금씩 말을 하게 된다.

아이에게 말할 때는 편안한 목소리로 정확하게 발음해야 한다. 아이가 허공을 향해 발을 차거나 손을 흔들며 기분 좋은 신호를 보내면 밝게 웃으며 칭찬하는 것을 잊지 말아야 한다.

내가 칼에게 말을 가르치며 터득한 언어 발달의 비결은 다음과 같다.

▸▸ 아이가 말을 하면 곧바로 칭찬한다

칼이 말할 때는 발음이 부정확하더라도 곧바로 칭찬해 주었다. 그런 뒤 몸의 상태가 좋을 때 입 모양으로 발음 교정을 해 주었는데 놀라울 정도로 효과가 좋았다. 아이에게 말을 가르칠 때는 감정을 실어 아이와 교감하는 것이 중요하다.

▸▸ 주변 사물로 가르친다

칼의 첫 언어 교육은 주변의 사물인 탁자, 컵, 실내 장식물, 정원의 꽃과 곤충 등의 이름부터 시작했다. 명사를 가르친 뒤 동사와 형용사를 합쳐서 언어 능력을 확장시켜 주는 것도 잊지 않았다. 아이에게 말을 가르칠 때는 쉬운 단어부터 가르쳐야 한다.

예컨대 명사 '빵'을 가르친 뒤 형용사 '맛있다'를, 그다음에는 부사를 넣어 '빵은 매우 맛있다' 순으로 가르치는 것이 한 가지 방법이다.

아이에게 주입식으로 단어를 암기하게 하면 언어 능력이 늘기는커녕 역효과만 난다.

▸▸ 이야기 형식으로 가르친다

칼은 우리 부부를 찾아온 이방인이었다. 그래서 우리는 어떻게 이 아이에게 우리가 사는 공간을 이해시켜야 할지 고민이었다. 그때 떠오른 아이디어가 이야기 형식으로 소개하는 것이었다.

책을 읽어주는 것도 좋은 방법이다. 대부분의 동화가 이야기 형식으로 꾸며져 있어 재미도 있고 이해하기도 쉽기 때문이다. 하지만 아이가 계속 듣기만 하는 것은 교육적 효과가 떨어지므로 책을 읽고 난 뒤 이야기의 줄거리를 되새기게 해야 한다.

아내는 칼에게 로마와 북유럽의 신화를 읽어준 뒤 신화의 내용을 바탕으로 단순한 연극을 해 보이곤 했다. 이런 교육 방식이 주효했는지 칼은 예닐곱 살 때 3만 단어 이상을 구사했다.

▸▸ 어휘력을 풍부하게 한다

나는 어떻게 하면 칼에게 풍부한 어휘력을 구사하게 할 것인지 고민했다. 고민 끝에 가족 구성원 모두에게 칼 앞에서는 '이것', '저것'이라는 단어 사용을 금지했다. 대신 구체적인 용어를 사용해 정확한 문장으로 표현하게 했다.

유아기에 듣는 동요는 비교적 기억하기 쉽고, 단순한 단어를 사용하기 때문에 어휘력 발달에 매우 효과적이다. 칼은 채 다섯 살이 되기 전에 책을 읽기 시작했는데, 대부분이 노래 가사 형식으로 쓰인 책이었다.

▸▸ 유아어와 사투리는 금물이다

나는 칼 앞에서 아이들이 흔히 쓰는 '맘마'나 '멍멍이' 같은 유아어를 사용하지 않았다. 맘마나 멍멍이 같은 단어가 귀염성 있는 입말이지만 아이의 언어 발달에 도움이 되지 않기 때문이다.

나는 칼에게 언제나 표준 독일어를 사용하여 말했으며, 새로운 단어를 가르칠 때는 연관된 속담을 활용해 쓰임새를 확실히 알 수 있게 했다.

▸▸ 정확한 어휘를 사용해 두뇌 계발을 한다

아이에게 정확한 어휘를 사용하게 하는 것은 두뇌 계발에 좋다. 칼에게는 조금 생소한 단어도 자주 사용함으로써 자연스럽게 습득하도록 도왔다. 나는 아내와 다른 사람들도 이를 지키도록 권했다. 한쪽에서는 엄격하게 "강아지 어딨어?"라고 하는데, 다른 사람이 "멍멍이 어딨어?"라고 하게 되면 아이 입장에서는 혼란스러울 수 있다.

사투리를 사용하는 것도 아이의 언어 습득이나 두뇌 계발에 방해가 된다. 따라서 완벽한 표준어를 사용해 말하게 했다. 특히 엄선한 단어로 재미있는 이야기를 요약해 들려주어 칼이 암기하기 쉽도록 도왔다. 칼은 우리가 들려준 이야기를 금세 암기해서 가족에게 자랑스럽게 들려주었다. 모국어를 완전히 이해시킨 뒤에는 외국어로 번역해서 외우게 했는데, 이 모든 과정이 어렵지 않게 이루어졌다. 경험상 2~6세가 언어를 학습하기에 더없이 좋은 시기이다. 그러므로 이 시기를 절대 놓치지 말아야 한다.

심리 게임을 통한
기억력, 창의력, 상상력 계발하기

세상의 모든 부모는 어떻게 하면 아이들의 '기억력', '창의력', '상상력'을 발달시킬 것인지 고민한다. 이 세 가지는 기계처럼 훈련을 받는다고 해서 계발되는 것이 아니기 때문에 생동감 있고 흥미로운 심리 게임을 이용해 계발하는 것이 좋다.

▸▸ 기억력 계발하기

어느 과학자가 말했다.

"모든 지혜의 뿌리는 기억에 있다." 두뇌를 자주 사용할수록 발달하는 기억력의 원리를 제대로 이해한다면 그 효과를 크게 높일수 있다. 특히 갓난아기 때는 같은 단어를 반복해서 들려주면 두뇌가 끊임없이 자극을 받아 기억력이 촉진된다.

나는 칼의 기억력을 극대화하기 위해 다음과 같은 방법을 이용했다.

먼저 칼에게 신화나 성경 이야기, 각 나라의 역사 등을 들려준 다음 그 내용을 카드에 요약해서 적었다. 그런 뒤 게임하듯이 카드를 뒤집으며 질문하여 내용을 완전히 기억하게 했다. 이런 방법을 모든 독서 활동에 활용했다.

기억력을 촉진하기 위해서는 긴 산문보다는 짧은 운문이 좋다. 나는 칼이 아홉 살 때 생리학을 가르쳤다. 그 뒤 칼이 뼈와 근육과 장기에 대한 설명을 운문 형식으로 적은 것을 보고 깜짝 놀랐다.

칼이 역사책을 읽을 때면 우리는 역사적인 주요 사건을 연극으로 재현해 기억하기 쉽도록 도왔다. 이에 비해 학교에서는 틀에 박힌 방식으로 역사를 가르치기 때문에 매우 지루하다.

▸▸ 창의력 계발하기

창의력을 기르기 위해서는 손을 많이 사용하고, 생각을 많이 하며, 문제 제기를 많이 하고, 인내심을 기르는 것이 좋다. 칼이 두 살 때 손에 물건을 쥐여준 뒤 물건을 놓지 않고 오래 쥐고 있으면 칭찬을 해주었다. 사소해 보이지만 이런 것이 인내력 훈련이다. 그러나 놀이 방식에 식상해하면 변화를 주어야 한다.

칼이 세 살 무렵부터 아내는 날마다 수업을 하듯이 이야기를 들려주었다. 이때 이야기를 흥미진진하게 끌고 가다가 갑자기 중단하는 방식을 취했다(연재소설 형식을 취한 것이다.). 즉 최고로 흥미를 유발하는 부분에서 갑자기 이야기를 중단해 궁금증을 증폭시켰다. 그 뒷부분의 이야기가 궁금하면 스스로 만들어내게 했다. 나중에 칼이 만들어낸 내용이 실제 이야기의 끝부분과 일치할 때도, 칼이 전혀 새로운 이야기를 지어낼 때도 우리는 아이의 열렬한 지지자가 되어 떠들썩한 감탄사를 늘어놓았다.

▸▸ 상상력 계발하기

지식보다 중요한 것이 상상력이다. 상상력 없이는 과학자도, 수학자도, 법학자도 될 수 없다. 소설가, 시인, 조각가, 화가 등 모든 창조적인 직업에 반드시 필요한 것이 상상력이다.

아이들에게서 산타클로스와 천사에 대한 꿈을 빼앗는 것은 친구와 장난감을 빼앗는 것과 마찬가지로 잔혹한 행위이다. 세상을 바꾼 과학적 발전은 어릴 적 꿈을 현실로 이루기 위해 부단히 노력한 과학자들의 상상력의 산물이다.

선악에 대한 분별력이 없고 사회 경험이 부족한 아이들에게 가장 좋은 교육 방법은 전설과 동화의 세계로 인도하는 것이다. 전설을 통해 공동체의 내력을 알 수 있고, 동화를 통해 공상의 세계를 체험하는 것과 동시에 삶의 교훈을 얻을 수 있기 때문이다.

나는 칼과 둘이 있을 때면 가상의 인물('네리'와 '루시'라는 이름의 인물들이었다.)을 불러내 즐겁게 놀았다. 언젠가 보모가 내게 이런 말을 했다.

"목사님, 칼은 혼자 노는데도 누구랑 함께 있는 것 같아요."

칼은 혼자 있을 때도 가상의 인물에 완전히 몰입해 있을 때가 많았다.

아이들의 상상력을 어떻게 키워야 할 것인지 이해하지 못하는 부모는 천 조각과 종이 상자로 만든 성과 궁전을 빗자루로 쓸어버린다. 그런 사소한 행동이 아이가 나중에 시인, 발명가가 될 수 있는 가능성을 무참하게 짓밟을 수 있다.

상상력은 구체적인 활동을 통해서 표현하는 것이 좋다. 중세의 기사나 날아가는 새를 흉내 내는 것은 상상력에 날개를 달아준다. 나는 칼이 그런 놀이를 할 때면 크게 칭찬해 주었다. 상상력은 나이가 들수록 점점 고갈된다.

칼은 선천적으로 이야기 듣기를 좋아해서 같은 이야기를 몇 번이고 반복해 들어도 지루해하는 법이 없었다. 또한 새로운 이야기를 만들어내는 것을 좋아했는데, 칼이 만들어낸 이야기가 허술하고 전개가 매끄럽지 않아도 탓하기보다 부족한 점을 보완해 주어 완성도를 높여주려고 애썼다.

상상력을 통해 발현되는 아이의 창의력은 어른의 기준으로 요구하면 소멸하고 만다. 부모는 자녀의 호기심을 귀찮아할 것이 아니라 반기고 올바르게 지도해야 한다.

상상력이 풍부한 사람은 아무리 힘든 시련과 맞닥뜨리더라도 견딜 수 있다. 멋진 미래를 상상하게 되면 현실이 아무리 고되다 해도 참아낼 수 있기 때문이다. 따지고 보면 세상에서 가장 불행한 사람은 상상력이 부족한 사람이 아닐까 한다.

ⓣip 미국 소아과학회가 제시한 올바른 텔레비전 시청 요령

1 시간을 정한다. 텔레비전을 보거나 스마트폰을 하는 시간을 하루 2시간이 넘지 않도록 한다.

2 가정에서 텔레비전의 영향력을 최소화한다. 텔레비전을 아이에게 보여주는 것은 좋지 않다. 미국 소아과학회는 '3세 이하의 아이에게는 절대 텔레비전을 보여주지 말아야 한다.'라고 권고하고 있다.

그 이유는 텔레비전은 시청자가 일방적으로 받아들여야 하는 수동적인 특성을 가진 매체이기 때문이다. 따라서 교육적인 내용이라 할지라도 아이의 언어 능력이나 지능 발달을 방해한다. 특히 영어를 가르치겠다고 영어로 된 프로그램을 장시간 보게 하는 것은 매우 위험한 일이다. 언어는 상황을 유추해 볼 수 있는 사고력이 바탕이 되어야 하기 때문이다.

게다가 어려서부터 자극적인 영상물에 익숙해진 아이들은 시간이 갈수록 더 심한 자극을 원한다. 영상 매체는 지속해서 인간의 주의력과 감각을 자극해 묘한 이완감과 편안함을 준다. 그래서 반복적으로 영상물을 보고 싶은 욕구가 생기며, 이런 경험은 약물에 중독되는 과정과 유사하다.

게임을 활용한
글 익히기

　영아기 때 받은 촘촘한 교육 덕분에 칼은 세 살이 되자 또래 아이들보다 눈에 띄게 영리하고 민첩했으며, 다양한 분야에서 두루 재능을 보였다.

　칼의 인지 기능이 확장되는 시기에 접어들자 나는 글자를 가르치기 시작했다.

　아이에게 뭔가를 가르칠 때는 먼저 아이에게 흥미를 갖도록 유도해야 한다. 아이가 흥미를 보이면 절반은 성공했다고 볼 수 있기 때문이다. 아이의 흥미를 불러일으키는 가장 좋은 방법은 심리 게임을 이용하는 것이다. 이것은 칼에게 조기교육을 하면서 그 효과가 충분히 증명되었다.

　알고 보면 모든 동물은 심리 게임을 통해 생존 방법을 배운다.

왜 새끼 고양이는 어미 고양이의 꼬리를 가지고 놀며, 강아지는 어미 개와 싸우듯이 놀까? 동물학에 따르면 전자는 생쥐를 잡기 위한 능력을 훈련하기 위해서이고, 후자는 적을 입으로 무는 능력을 훈련하기 위해서이다.

어느 날 나는 라이프치히에서 글자 세트를 사 왔다. 독일어 알파벳 세트와 라틴어 알파벳 세트였다. 그뿐 아니라 각각의 음성기호와 발음법이 있었고, 0에서 9까지의 숫자 세트도 들어 있었다.

칼이 태어난 지 6개월이 지나자, 아기들이 시각보다 청각이 먼저 발달한다는 사실을 고려해 알파벳을 소리 내어 읽어주기 시작했다. 내가 알파벳의 철자를 가리키면 아내가 소리 내어 읽었다. 칼은 엄마의 소리를 듣는 둥 마는 둥 하는 것 같았지만, 우리는 인내심을 갖고 계속해서 알파벳을 읽어주었다.

이어 나는 그림책을 비롯한 어린이책을 한가득 사 온 다음 '심리 게임 방식'을 이용해 칼에게 책 읽기를 유도했다.

"칼, 네가 글자를 알면 너 혼자서도 책을 읽을 수 있을 텐데 안타깝구나."

어리둥절해 있는 칼을 향해 문득 바쁜 일이 있는 것처럼 꾸며 책을 덮었다.

"정말 재미있는 그림책인데, 지금은 바빠서 못 읽어주겠는걸."

내가 그렇게 말하면 칼은 글자를 배우고 싶어 했다. 나는 일종의 노림수를 써서 칼이 글자를 배우고 싶어 안달할 때까지 기다렸다가 가르쳐주기 시작했다.

나와 아내는 카펫에 앉아 독일어 소문자를 마구 뒤섞은 다음 그중 하나를 집어 들고 큰 소리로 읽었다. 소문자를 가르치는 과정에 어쩌다 대문자가 나올 경우 서로 어떻게 다른지 설명했다. 칼이 독일어 알파벳에 점점 익숙해지자 우리는 단어를 만들기 시작했다. 되도록 재미있는 단어를 선택했는데, 그 선택은 칼이 직접하게 했다.

예를 들어 칼이 '고양이'라고 말하면 고양이 그림을 먼저 보여준 뒤 '고양이'라고 읽는 법을 가르쳤다. 그런 다음 '고양이'를 이루는 자모 카드 'Katze'를 골라 어떻게 '고양이'라는 단어가 형성되는지 게임 형식으로 가르쳤다. 글자 가르치기가 게임처럼 진행되는 동안 칼이 열정을 보이면 나는 곧바로 잘한다고 격려해 주었다(이때 격려하는 것이 매우 중요하다).

글자 공부를 하는 동안 작은 카드를 여러 장 만들어서 카드에 동물이며 집, 나무 등과 같은 그림을 그린 뒤 각각의 이름을 적어 주방, 거실, 방 등에 붙여놓았다. 우리는 이 카드로 다시 읽기 게임을 하기도 하고, 재미있는 이야기를 구상하기도 했다. 산책할 때는 시야에 들어오는 모든 사물의 이름을 어떻게 읽고 쓰는지 칼에게 질문했다. 이 방법은 칼이 글자를 배우는 데 매우 효과적이었다.

심리 게임을 활용한
외국어 공부

나는 칼이 모국어를 익힌 것에 만족하지 않고 외국어를 가르쳐야겠다고 생각했다. 다양한 외국어를 알면 그 나라의 문화와 역사를 접할 수 있어 종합적인 사고력을 기를 수 있기 때문이다.

아이가 외국어를 즐겁게 배우려면 해당 언어를 간접적으로 접할 수 있는 환경을 만들어주는 것이 좋다. 나는 지인들이 집으로 찾아오면 주로 프랑스어로 대화를 나누었다. 특히 비밀 이야기를 할 때면 완전히 프랑스어로만 말했다. 칼에 대해 언급할 때도 종종 있었는데, 칼이 눈치를 채는 것 같았다. 나는 칼의 호기심을 자극하기 위해 말했다.

"네가 프랑스어를 알아들을 수 있다면 얼마나 좋을까? 아빠의 비밀 이야기를 다 알아들을 수 있을 텐데 말이야."

칼의 궁금증을 증폭시키는 심리 게임을 이용한 것이다. 마침내 칼이 프랑스어를 가르쳐달라고 조르기 시작했다. 그때부터 나는 칼에게 프랑스어를 가르치기 시작했다. 당시 칼은 일곱 살이었지만 독일어 기초가 튼튼하고 외국어 교육 방식이 주효했는지 1년 만에 프랑스어를 읽을 수 있었다. 그리고 6개월 만에 이탈리아어를 익혔다.

하지만 라틴어는 바로 시작하지 않고 적당한 때가 오기를 기다렸다. 라틴어는 난도가 높기 때문에 가르치기 전에 만반의 준비가 필요했다. 나는 먼저 베르길리우스의 서사시 『아이네이스』의 감동적인 줄거리와 시 속에 깃든 사상이며 문체의 아름다움에 대해 설명했다(물론 내 이야기를 깊이 이해하지는 못했을 수도 있다). 그리고 훌륭한 학자가 되려면 반드시 라틴어를 배워야 한다며 승리욕을 자극했다.

칼이 여덟 살이 되자 나는 칼을 데리고 라이프치히에서 열리는 음악회에 자주 갔다. 한번은 연주회 중의 짧은 휴식 시간에 칼이 노래 가사가 적힌 작은 책자를 보더니 말했다.

"아빠, 이건 프랑스어도 아니고 이탈리아어도 아니고…… 라틴어가 분명해요."

나는 바로 이때다 싶어 말했다.

"칼, 그게 무슨 소리지?"

내 질문에 칼은 자신이 아는 프랑스어와 이탈리아어로 대충 유추해서 흥분한 목소리로 대답했다.

"아빠, 라틴어가 이렇게 쉬운 줄 몰랐어요. 빨리 배워 보고 싶어요."

이때 나는 칼에게 라틴어를 가르칠 적기가 왔다는 것을 알아채고 라틴어를 가르치기 시작했다. 칼은 9개월 만에 라틴어를 완전히 익혔다. 뒤이어 3개월 만에 영어를, 그리고 6개월 만에 그리스어를 배웠다.

그리스어를 배울 때는 카드에 그리스어 단어와 의미를 적은 뒤 보고 익히도록 했다. 어느 정도 단어를 익힌 뒤에는 그리스어로 된 책을 읽도록 권했다. 가장 먼저 『이솝 우화』를 읽게 하고 다음에는 크세노폰의 『아나바시스』를 읽게 했다. 외국어를 가르칠 때는 문법에 치중하지 않고 관련된 내용을 그때그때 상황에 따라 가르쳤다.

칼은 내 서재에서 공부했는데, 칼이 공부하다 궁금해하는 점이 있으면 나는 만사를 제쳐놓고 칼의 공부를 도왔다.

칼은 이때 헤로도토스의 『역사』, 크세노폰의 『소크라테스의 추억』, 디오게네스 라에르티오스의 『젊은 철학자들의 생애와 사상』도 읽었다. 여덟 살 때는 플라톤의 『대화편』을 읽었지만 깊이 이해하지는 못하는 것 같았다.

아홉 살이 될 때까지 프랑스어, 영어, 이탈리아어, 그리스어, 라틴어를 모두 배운 칼은 베르길리우스, 키케로, 플로리아누스, 실러 등 독일, 프랑스, 이탈리아, 그리스, 로마 작가의 문학 작품을 닥치는 대로 읽었다.

많은 사람이 외국어 배우기를 두려워한다. 일반적으로 6개 언어를 구사하려면 평생이 걸릴 수 있다. 하지만 칼은 적기에 언어 교육을 시작한 덕분에 짧은 기간 안에 여러 외국어를 익힐 수 있었다.

▸▸ 듣기 훈련으로 시작한다

라틴어는 체계적인 학문을 하는 사람이면 꼭 알아야 할 언어이다. 라틴어를 알면 파생어인 프랑스어, 스페인어, 이탈리아어를 배우기가 쉽다. 하지만 학생들은 라틴어 수업을 싫어한다. 라틴어는 잊힌 언어이기 때문이다. 하지만 나는 라틴어의 중요성을 알았기 때문에 칼이 아기 침대에 누워 있을 때부터 라틴어로『아이네이스』를 들려주었다.

그러자 사람들은 먹고 자기만 하는 아이에게 라틴어 교육이 가능한지에 대해 의문을 품었다. 하지만 아이들은 청각이 발달해 있기 때문에 라틴어 교육이 충분히 가능하다. 신생아 시절 오랫동안『아이네이스』를 들은 덕분인지 본격적인 라틴어 수업을 하자 칼은 순식간에 이해했다.

나는 칼에게 체계적으로 문법을 가르치지는 않았다. 어른은 문법을 토대로 외국어를 공부하는 것이 효과적이지만, 아이들은 모국어를 배울 때처럼 끊임없이 듣기 훈련을 시키는 것이 효과적이기 때문이다.

▸▸ 시를 이용한 외국어 교육

외국어를 가르칠 때는 대중적이고 이해하기 쉬운 시를 이용해 가르치는 것도 좋다. 시를 통해 해당 언어의 기초를 어느 정도 닦은 뒤에는 일상 회화를 가르치기 시작했다.

칼이 정확한 단어를 몰라 헤맬 때는 배운 단어를 활용해 우회적으로라도 설명하게 했다. 이때 절대 모국어 사용을 금했다.

그 외에 외국 서적을 많이 읽게 했다. 책을 읽는 것은 언어를 배우는 가장 좋은 방법이다. 모르는 단어가 나오면 사전을 찾으면 되기 때문이다. 칼이 외국어를 처음으로 배울 때는 늘 사전을 끼고 다니더니 어느 정도 익히자 점차 사전을 찾아보는 횟수가 줄었다.

외국어 실력이 늘어나자 칼은 그리스, 이탈리아, 영국 등에 있는 친구들과 편지를 주고받았다. 편지를 쓰는 횟수가 늘어나자 외국어 실력도 빠르게 늘었다. 특히 그리스어를 배울 때는 그리스 친구와 편지를 주고받는 사이 그리스 문학 작품에 관심을 갖기 시작했다.

칼은 문학에 대한 관심에서 한 걸음 더 나아가 그 나라의 지리와 생활 습관에도 흥미를 갖게 되었다.

▸▸ 같은 이야기를 여러 언어로 읽는다

칼은 한 번 읽은 책을 읽고 또 읽었다. 나는 칼의 이런 독서 습관을 잘 알고 있었기 때문에 외국어를 가르칠 때는 같은 내용의 책을 여러 나라의 언어로 읽게 했다. 예를 들어 안데르센의 동화를 독일어로 읽게 한 다음 프랑스어, 이탈리아어, 라틴어, 그리스어로 읽게 했다. 이러한 방법으로 칼은 외국어를 재미있고 쉽게 익혔다.

▸▸ 어원을 파악한다

외국어 공부를 할 때 어원을 아는 것은 매우 효과적이다. 라틴어를 공부할 때면 라틴어 어원이 어떻게 파생했는지 노트에 적게 했다. 그러면 단어를 기억하기도 쉽거니와 라틴어 어원이 어떤 경로로 변화했는지 알 수 있어 더 큰 효과를 얻을 수 있다.

아이의 외국어 공부는 부모가 어떤 학습법을 택하느냐가 매우 중요하다.

칼이 막 영어를 배우기 시작했을 때, 나는 13개국 언어로 아침 인사를 가르쳤다. 그리고 아이들이 장난감과 인형을 좋아한다는 점에 착안해 매일 아침 칼이 각 나라를 대표하는 열세 개의 인형을 들고 "좋은 아침!"이라는 인사를 하는 놀이를 했다. 칼은 이 놀이를 매우 재미있어했다. 여러 외국어를 익히자 우리 부자는 각 나라의 언어로 책을 읽고 노래를 불렀으며, 수수께끼 풀기, 문장 만들기, 속담 맞히기 등의 게임을 했다. 공부 방법이 재미가 있었는지 칼은 즐겁게 외국어를 배웠다.

글쓰기와
음악 교육

칼이 네 살 때였다. 내가 서재에서 일을 하고 있는데, 인기척이 들렸다. 뒤돌아보니 칼이었다. 칼은 나를 등진 채 작은 의자에 엎드려 뭔가에 몰두해 있었다. 가까이 다가가 보니 글쓰기 연습을 하고 있었다.

"칼, 글씨 배우고 있니?"

"네."

"진작 아빠에게 말하지 그랬어. 가르쳐줄 텐데."

나는 연필 한 자루를 쥐여 주고 이름 쓰는 법을 가르쳤다.

'Karl Witte.'

칼은 마침내 삐뚤삐뚤하게 자신의 이름을 쓰기 시작했다.

"칼, 정말 대단한걸!"

그 모습을 지켜보던 아내가 칭찬했다.

칼은 엄마의 칭찬을 듣자 글쓰기 의욕을 불태웠다. 그 후 글쓰기 실력이 늘어 칼이 간단한 문장을 구사할 수 있게 되자 날마다 일기를 쓰게 했다.

조금 힘들겠지만, 부모도 육아일기를 쓰면 원래의 양육 계획을 성실히 이행할 수 있다. 일기를 통해 고쳐야 할 점은 무엇인지, 추가로 교육해야 할 점은 무엇인지 한눈에 알 수 있기 때문이다.

글쓰기와 더불어 나는 칼에게 좋은 독서 습관을 키워주기 위해 노력을 기울였다. 생애 최초로 읽는 책은 그 사람의 독서 습관과 기호로 발전할 수 있기 때문이다. 그래서 자녀의 책을 고를 때는 매우 신중하게 검토해야 한다.

책을 선택한 뒤 칼에게 읽어줄 때는 과장된 표정과 실감 나는 목소리로 흥미를 돋우었다.

괴테는 말했다.

"신이 준 미감을 잃지 않으려면 날마다 음악을 듣고 시를 읽으며 그림을 감상해야 한다."

나는 괴테의 말에 충분히 공감한다.

또 누군가는 이런 말을 했다.

"노래를 부르면 기분이 좋아져 뿔난 아이도 웃게 만든다. 노래를 즐겨 부르는 사람은 그렇지 않은 사람에 비해 장수한다. 따라서 아이들에게 반드시 음악을 듣는 즐거움을 알게 해야 한다."

세상의 모든 아이가 음악가가 될 필요는 없지만, 음악을 모르고 사는 삶은 얼마나 무미건조한가? 어떤 부모들은 음악가가 되지 못할 바에야 아이에게 음악을 가르치는 것은 시간 낭비라고 생각하는데, 이것을 뭘 모르고 하는 소리이다. 예술 없는 인생은 황무지와 다름없다. 우리는 음악을 통해 신비의 세계와 영적 아름다움을 체험하기 때문이다.

나는 아이들이 리듬을 좋아한다는 사실을 알고 있었다. 그래서 손바닥으로 장단을 맞춰가며 칼에게 리듬감을 익히게 한 뒤, 북과 실로폰으로 간단한 선율을 연주하게 했다. 얼마 지나지 않아 화음은 물론이고 음계와 아르페지오도 이해할 수 있을 정도로 실력이 늘었다. 더는 내가 가르칠 수 없게 되자 음악 선생님을 섭외했다.

우리가 섭외하여 초빙한 음악 선생님은 기타뿐만 아니라 바이올린도 수준급으로 연주했다. 칼은 기타와 바이올린을 먼저 배운 뒤 피아노를 배웠다.

연주 실력이 늘자 칼과 선생님은 기타와 바이올린을 바꿔가며 연주하곤 했는데, 그들의 연주 솜씨는 듣는 이로 하여금 감탄을 자아내게 했다.

한번은 사람들 앞에서 기타와 바이올린으로 파가니니의 곡을 합주하며 큰 호평과 박수갈채를 받았다.

"칼의 기타 솜씨가 보통이 아니군."

"선생님의 바이올린 연주도 훌륭해요."

칼은 악기를 배우는 틈틈이 선생님의 지도를 받아 편곡도 했다. 비록 진정한 의미에서의 작곡이라고는 할 수 없지만, 어린 나이에 편곡을 시도했다는 것 자체가 대단한 일이다.

🎵tip 어린아이에게 클래식 음악이 왜 좋은가?

한국음악지각인지협회 회장인 이경면 교수에게 "어린아이에게 음악이 왜 좋은가?"라는 질문을 했더니 다음과 같이 대답했다.

"최근 많은 신경과학 논문이 음악 교육의 효과를 과학적으로 증명하고 있다. 특히 오케스트라 활동에 관한 것이 많다. 오케스트라에서 2년여 동안 악기 연주를 한 학생들의 뇌파를 측정한 결과 말소리에 대한 뇌 반응이 다르게 나왔다. 많은 부모들이 아이에게 음악을 가르치면 정서에 좋을 것이라고 막연하게 생각해 왔는데 실제로 뇌 반응이 바뀐다는 사실이 입증된 것이다. 언어를 잘 하려면 뇌가 소리를 잘 구분해야 한다. 아무리 문법을 잘 알아도 'R'과 'L'을 정확하게 구분하지 못하면 영어를 잘한다고 할 수 없다. 그런데 음악 교육을 통해 소리를 구분하는 능력이 향상됐다는 연구 결과가 나왔다.

음악 교육으로 뇌를 바꿀 수 있는 나이는 상한선이 있다. 많은 논문에서 그 상한선에 대한 결론이 만 7세로 모아지고 있다. 즉 7세 이전에 음악 교육을 시작해야 뇌를 구성하는 뉴런에 변화가 온다는 것이다. 뉴런끼리 신호를 주고받게 되면 특정 뉴런 다발이 굵어지는데, 뉴런의 이런 변화는 음악을 반복해서 듣기 때문에 생기는 것이다. 반복해서 음악을 들으면 통계적 학습이 일어난다. 우리가 모국어를 배울 때 문법을 따로 배우지 않아도 되는 것은 계속해서 듣기 때문인데, 음악도 이와 마찬가지이다. 음악을 지속적으로 듣는 사이 규칙성을 알게 되면 앞으로 어떻게 전개될지 예측할 수 있게 된다. 뉴런들끼리 연결망을 만들고 다듬기 때문이다."

흥미를 유발하는
게임을 활용한 학습법

칼이 언어 방면에 재능을 보이자 사람들은 칼을 공부만 하는 책벌레라고 생각했다.

그러나 칼이 책상 앞에 앉아 있는 시간은 또래 아이들보다 훨씬 짧았다. 공부할 때는 짧은 시간 집중해서 하고, 나머지 시간에는 신나게 놀거나 다양한 여가 활동을 하며 보냈다. 덕분에 칼은 웃음을 잃지 않는 건강한 소년으로 성장할 수 있었다.

칼은 여러 외국어를 구사할 수 있는 실력을 쌓은 뒤 식물학, 생물학, 물리학, 화학, 수학 등에도 관심을 갖고 공부하기 시작했다.

이렇게 되자 많은 부모들이 칼의 학습 방법을 궁금해했다. 칼을 영재로 만든 비결은 간단하다. 그 비결은 지식에 대한 갈증을 느끼도록 심리 게임을 이용한 것이다.

칼이 네다섯 살 무렵, 아침 식사 전에 우리는 산책을 했다. 산책 길에서 내가 이야기를 시작하면 칼은 순식간에 상상의 날개를 펴서 이야기 속으로 힘차게 날아올랐다. 칼은 상상의 세계 속에서 인도와 중국을 다녀오기도 하고, 나일강을 거슬러 올라가기도 했다. 때로는 하얀 설원이 펼쳐진 북극으로 탐험을 떠났다가 다시 실론 섬을 향해 길을 떠나기도 했다. 그리고 몇천 년을 거슬러 올라가 스파르타 사람들과 힘을 합쳐 트로이 군대를 물리치고 오는가 하면, 오디세우스 호를 타고 바다 한가운데서 길을 잃기도 했다. 그리고 어느 틈에 알렉산더 대왕을 따라서 원정을 떠나기도 했다. 칼은 산책하는 동안 상상의 세계에서 여러 나라의 지리와 역사를 동시에 익혔다.

어느덧 현실 세계로 돌아온 칼이 수줍게 얼굴을 내민 야생화를 발견하기라도 하면 나는 꽃의 생물학적 특징에 관해 설명했다.

"칼, 이건 꽃잎이고 이건 꽃받침이야. 그리고 이것은 꽃가루야. 꽃가루는 바람이 불면 날아가 버리지. 꽃가루가 얼마나 중요한 줄 아니? 꽃이 이렇게 작아도 꽃가루가 없으면 열매가 열리지 않아."

"정말이에요?"

칼은 식물의 세계에 흥미를 보였다. 나는 풀숲에서 메뚜기를 발견하면 메뚜기의 신체 구조의 특징과 습성, 그리고 번식 능력에 대해 설명해 주었다. 이런 방식의 수업은 학교에서 받는 딱딱한 동식물학 수업보다 훨씬 흥미롭다.

그런 면에서 누구든 마음만 먹는다면 자연계 일체를 교육 자료로 활용할 수 있다. 사실 자연계는 학생들이 배울 것이 너무나 많은 배움터이다. 하지만 대부분의 부모는 이런 중요한 사실을 모르고 있다.

나는 자연이라는 살아 있는 교재를 활용하여 칼에게 동물학, 식물학, 물리학, 화학, 지질학, 천문학 등 광범위한 과학 지식을 가르쳤다. 그러자 칼은 식물 표본을 만들기도 하고, 현미경으로 식물을 관찰하고 실험하면서 의미심장한 기록을 남기기도 했다.

한번은 칼에게 애벌레를 보여주자 멈칫거리며 뒷걸음쳤다. 그래서 아름다운 나비도 애벌레였던 시절이 있었다고 설명하자 칼이 말했다.

"성공하기 전에는 냉대받고 무시당하다가 성공하면 찬탄과 존중을 받는 것은 사람이나 동물이나 다를 게 없군요."

아직 아이였던 칼이 이처럼 뛰어난 통찰력을 갖게 된 것은 인문학적 지식은 물론이고 자연 과학에 대한 지식이 해박했기 때문에 가능했다.

비행 청소년 자녀를 둔 부모들은 나를 만나면 끊임없이 하소연을 늘어놓는다.

"왜 우리 아이는 불량기가 많은지 모르겠어요."

그들의 하소연에 나는 이렇게 대답했다.

"아이들에게 그런 특징이 나타나는 것은 호기심을 풀 만한 적절한 대상을 찾지 못했기 때문입니다. 아이들을 데리고 야외로 나가 보세요. 야외로 나가게 되면 모든 게 정상으로 돌아옵니다. 대자 연은 아이의 정서를 함양하고, 체질을 강화하며, 의욕을 왕성하게 만들어준답니다."

나는 칼에게 직접 정원을 꾸미게 한 다음 꽃이며 감자를 심게 해 자연과 가까이하도록 이끌었다. 칼은 식물 가꾸기에 흥미를 갖고 누가 시키지 않아도 잡초를 뽑고 물을 주었다. 자연은 아이들 에게 가장 좋은 교과서이다. 나는 칼에게 자연을 찬미하는 시와 노래를 가르쳐주었다. 맑은 날 풀밭에 누워 시를 낭송할 때의 기 분은 더할 나위 없이 좋았다.

❶ip 생체 모방 기술

인류는 자연을 모방하고 응용해서 과학과 기술을 무한히 발전시켜 왔다. 동물의 날카로운 이빨 이나 뼈를 사용해 칼이나 창을 만들었고, 나무가 물에 뜨는 것을 보고 뗏목을 만들었다. 생체 모 방 기술을 이용한 발명품들은 무엇이 있을까?

- 원시 시대 사람들은 육식동물의 날카로운 발톱을 보고 활과 화살을 만들었다.
- 라이트 형제는 새가 나는 모습에서 착안해 비행기를 발명했다.
- 옷에 엉겨 붙은 엉겅퀴 씨앗에서 착안하여 벨크로(갈고리와 걸림고리)를 발명했다.
- 홍합이 물속에서도 바위에 잘 붙는 성질을 연구해 홍합접착단백질을 만들어냈다.
- 습도에 따라 껍질의 색깔이 변하는 딱정벌레의 변화 원리를 이용해 습도 조절 센서 제품을 만 들었다.
- 벌집의 육각형 구조에서 아이디어를 얻어 비행기의 날개, 인공위성의 외벽, 기차 내부의 충돌 완화 장치를 만들었다. 육각형이 가장 효율적이고 튼튼한 구조이기 때문이다.
- 상어 피부의 돌기 구조는 물의 마찰 저항을 줄이도록 되어 있다. 이를 응용해 수영복을 만들었다.
- 인간의 인체 구조를 모방해 에펠탑을 만들었다.
- 가벼우면서도 단단한 전복 껍데기를 이용해 방탄복과 전투에 사용되는 탱크의 철갑을 제작했다.
- 잠자리의 날개 모양에서 아이디어를 얻어 헬리콥터를 개발했다.
- 솜털이 붙은 민들레 씨앗에서 아이디어를 얻어 낙하산을 만들었다.

몸으로 체험하는
지리 게임 학습법

주입식 교육은 애완동물의 입을 강제로 벌려 먹이를 주는 것과 같다. 따라서 이런 방식의 교육은 아이들로 하여금 지식을 빨아들이는 기계로 전락하게 한다.

칼에게 공부를 가르칠 때는 언제나 대상에 대해 흥미를 불러일으킨 뒤에 이를 바탕으로 놀이 형식으로 교육했다. 나는 체계적인 것과 교과서적인 것, 그리고 사전에 나오는 식물학과 동물학의 '카테고리'를 외우게 하는 방식을 철저히 무시했다. 그 대신 산책할 때 칼이 흥미를 보이는 것 위주로 공부하다가 지속해서 흥미를 느끼면 좀 더 깊이 공부하도록 유도했다. 이런 방법으로 공부를 한 덕분에 칼은 훗날 동물학과 식물학에 대해 비교적 쉽게 접근할 수 있었다.

아이들은 지도를 보는 것을 어려워한다. 그래서 나는 칼에게 지리가 무엇인지 피부로 느낄 수 있도록 가르쳤다.

본격적인 지리 공부를 하기 전에 먼저 마을의 전체적인 지형과 강이 흐르는 방향, 숲의 위치 등을 세세히 관찰하게 했다. 이때 칼과 나는 마을을 몇 바퀴 돌았다. 저녁때 칼은 아내에게 그날 관찰한 마을의 형태를 정확하게 묘사해 들려주었다.

이런 훈련은 공부하는 학생에게 매우 유익하다. 자신이 알고 있는 지식을 타인에게 알려주려면 내용을 정확하게 알아야 하기 때문이다. 어떤 주제를 타인에게 전하기 전에 분석하고 생각한다면 그 결과로 얻는 혜택은 헤아릴 수 없이 많다.

며칠간의 탐사를 통해 마을의 형태를 파악한 칼은 나와 함께 마을에서 가장 높은 탑으로 올라갔다. 그러자 마을의 전경이 한눈에 들어왔다. 이때 칼에게 주변 마을의 지명을 물어 전체적인 지명을 익히게 했다.

마을의 전경과 지명을 철저하게 익힌 결과 칼은 무리 없이 지도를 그렸다. 지도 위에 도로, 산림, 강, 언덕 등을 간략하게 그려 넣은 뒤 서점에서 구입한 지도와 비교해 잘못된 부분을 수정했다.

마침내 칼이 제작한 지도가 완성되자 아내는 표구로 만들어 거실에 걸어놓았다.

당시 우리 집을 방문한 손님들은 칼이 그린 지도를 보고 깜짝 놀랐다. 여섯 살짜리 아이의 솜씨라고는 믿을 수 없을 정도로 완성도가 높았기 때문이다.

지도 제작에 재미를 붙인 칼은 여행을 하면 반드시 그곳의 지도를 만들었다.

나는 칼에게 지리학을 가르친 뒤에 물리학, 화학, 수학, 천문학을 가르쳤다. 천문학을 가르칠 때는 흥미를 돋우기 위해 먼저 관련된 신화를 읽게 하였다. 그 뒤 천문대로 데려가서 천체망원경을 이용해 직접 천체를 관찰하게 했다. 당시 칼은 몇몇 천문학자들과 친분을 쌓았는데, 우연히 칼의 재능을 알아본 한 백작은 칼을 자신의 집으로 초대해 천체 관측 기구는 물론이고 물리와 화학 관련 실험 기구를 마음껏 사용하게 했다. 백작의 배려 덕분에 칼은 천문학 공부를 마음껏 할 수 있었다.

어느 날 칼은 한껏 들떠서 말했다.

"어쩌면 대자연의 세계는 이렇게 신비로울까요?"

"하느님의 걸작이잖니? 인류가 위대하다고 해도 대자연 앞에서는 보잘것없는 존재란다."

"아빠, 두고 보세요. 반드시 자연의 비밀을 캐내고 말 테니까요."

자연에 대한 호기심으로 반짝이던 칼의 눈동자가 지금도 눈에 선하다.

칼은 네 살 때부터 나와 함께 여행을 시작해 여섯 살 무렵에는 독일의 거의 모든 도시를 탐방했다. 칼은 단순히 여행하는 데에 그치지 않고 여행 중에 보고 들은 것을 기록문으로 남겼다. 그래서 마을 사람들은 역사나 지리 방면에 궁금한 점이 있으면 칼을 찾아왔다. 나는 칼의 학구열을 북돋아 주기 위해서라면 돈을 아끼지 않았다.

어느 날, 칼이 마르코 폴로의 『동방견문록』을 읽고 바다를 무척 보고 싶어 했다. 우리는 칼을 위해 지중해 연안으로 여행을 떠났다. 내륙에서 태어나 성장하여 처음 바다 구경에 나선 칼은 몹시 신기해했다.

"아빠, 이거 불가사리 맞죠?"

"그래!"

"이 녀석이 바로 '바다의 해적'이라 불리는 무차별적인 포식자군요."

그날 칼은 바닷가에서 모래섬을 쌓으며 놀았고 신비로운 해저 생물 이야기를 들으며 바다의 세계에 빠져들었다.

해변은 아이들에게 지리 개념을 심어주기에 최적의 장소이다. 나는 지구본을 칼의 앞에 두고 눈앞에 펼쳐진 지중해가 지구의 어디쯤에 있으며, 지중해를 건너면 대서양과 인도양을 낀 아프리카에 도착할 수 있다고 말했다. 또한 태평양을 건너면 마르코 폴로처럼 중국에 갈 수 있고, 대서양을 건너면 콜럼버스처럼 아메리카에 도착한다고 설명해 주었다.

그 외에도 나는 시간이 날 때마다 칼을 데리고 박물관, 미술관, 동물원, 공장, 광산, 병원 등으로 견학을 떠났다. 견학하기 전에 책을 통해 이미 관련 지식을 습득한 덕분인지 칼은 흥미롭게 견학을 했다. 그리고 집으로 돌아와서는 견학하는 동안 보고 느낀 것을 아내에게 설명했다. 인간의 두뇌는 적기에, 적절한 자극을 받기 시작하면 억누를 수 없는 호기심을 갖게 되는데, 나는 이를 잘 활용했다.

❶ip 여덟 가지 다중지능이론

미국 하버드 대학교의 하워드 가드너 박사가 발표한 이론으로 기존의 IQ 검사로는 감지해 낼 수 없는 다양한 지능이 인간에게 내재한다고 제시했다. 처음에는 일곱 가지 지능을 제시했으나 나중에 한 가지를 더 추가해 현재 여덟 가지 다중지능이론으로 자리매김했다.

1 언어적 지능: 낱말의 소리, 리듬, 의미, 그리고 언어의 다양한 기능을 민감하게 파악하는 능력으로, 소설가, 시인, 언론인, 평론가에게 나타난다. 이는 기존의 지능 검사에서 언어 요인에 해당한다.

2 논리수학적 지능: 논리적이고 수리적인 사고 및 연역적이고 귀납적인 사고와 관련되는 능력으로 수학자, 과학자에게서 나타난다.

3 음악적 지능: 다양한 소리를 지각하고 해석하는 능력으로, 작곡가, 연주가, 성악가, 지휘자 등의 음악가에게 발견된다.

4 공간적 지능: 삼차원의 시각적이고 공간적인 세계를 정확히 지각하고 지각한 내용을 머릿속에서 변형하고 회전시켜 새로운 시공간적 작품을 창조하는 능력이다. 건축가, 기술자, 조각가, 미술가에게 발견되는 재능이다.

5 신체감각 지능: 신체적 감각이 뛰어난 운동선수, 무용가, 마술사, 곡예사에게 나타나는 능력이다.

6 자연적 지능: 동물, 식물, 지구, 천체, 환경 보존 등과 같은 자연 현상에 관심을 갖고 탐구하는 능력을 말한다. 동물학자, 식물학자, 천문학자, 생태학자, 해양학자 등에게 나타난다.

7 대인관계 지능: 가정, 이웃, 학교, 사회단체 등에서 다른 사람의 기분, 성격, 인성, 동기, 의도 등을 잘 파악하며, 상황에 알맞게 대처하는 능력이다. 정치가, 사회운동가, 세일즈맨, 사상가 등에게 발견되는 재능으로 사회적 지능으로도 불린다.

8 개인내적 지능: 자신의 지능, 사고 능력, 느낌, 감정, 장단점, 특기, 희망, 관심 등을 정확하게 파악해 자신의 감정과 언어 및 행동을 잘 다스리는 능력으로 심리학자, 종교인, 정신·심리 치료사, 상담가, 철학자 등에게 발견되는 지능을 말한다.

로젠블룸 교수의
수학 공부 방식

　식물학이나 동물학, 지질학은 현장 학습을 할 수 있어서 칼의 흥미를 끄는 데 문제가 없었다. 하지만 수학은 스스로 생각해서 풀어야 하는 추상적인 학문인 만큼 칼의 흥미를 끄는 일이 쉽지 않았다.

　칼도 여느 아이들처럼 수학을 싫어했다. 여섯 살의 나이에 이미 3개 언어를 구사하고, 동물학, 식물학, 지리, 역사, 문학 등의 과목에서는 상급 학교 수준의 실력을 자랑했지만 유독 수학이 약했다. 칼에게 숫자와 숫자 세는 법을 가르치고 시장 놀이를 하면서 돈 계산법을 가르쳤지만, 곱셈을 가르치는 것은 여간 어려운 일이 아니었다. 칼은 무작정 외우는 구구단이 싫었는지 난생처음 배우기 싫다고 투정을 부렸다.

칼의 수학 문제로 고민하던 나는 우연히 로젠블룸 교수를 만나게 되었다. 그는 나의 고민을 침착하게 듣고 난 뒤 이런 충고를 했다.

"아드님이 수학을 싫어하는 것은 교육 방법이 잘못됐기 때문입니다. 선생님은 거의 모든 학문을 좋아하지만, 수학을 싫어하기 때문에 재미있게 가르칠 수 없었던 겁니다."

그는 이렇게 말하며 수학을 재미있게 공부할 수 있는 방법을 친절하게 안내해 주었다. 수학을 잘하기 위해서는 먼저 수학에 대한 흥미를 키우라고 말했다.

그래서 나와 칼은 그의 조언대로 종이 상자에 단추와 콩을 한 움큼씩 넣은 다음 세어보기 시작했다. 그런 뒤 나는 그것들을 묶음으로 배열해서 칼에게 수를 익히게 했다. 이렇게 해서 2×2 = 4, 3×3 = 9라는 구구단의 원리를 가르쳤다. 칼이 구구단의 원리를 이해하자 주사위 놀이를 시작했다. 주사위를 던져 나온 숫자의 합을 기록해 승부를 가르는 놀이였다. 단순한 주사위 놀이를 2~3주 계속한 뒤에 주사위의 개수를 서서히 늘려 숫자의 단위를 높이기 시작했다.

숫자 놀이를 할 때는 절대 15분을 초과해서는 안 된다. 뇌를 쓰는 놀이라서 15분 이상 지속하면 피곤해질 수 있기 때문이다.

나는 칼이 배운 숫자 놀이를 실생활에 활용하기 위해 칼과 함께 가게 놀이를 했다. 칼은 상점을 열어 물건의 길이와 수량에 따라

가격을 매긴 뒤 진짜 돈으로 계산했다. 우리 부부는 칼의 가게에서 물건을 사고 거스름돈을 받았다.

로젠블룸 교수의 조언 덕분에 칼은 수학에 조금씩 흥미를 갖게 되었다. 이후 순조롭게 대수학과 기하학을 배웠고, 수학의 세계에 빠져들어 수학을 진정으로 좋아하게 되었다.

✪ip 수학과 추상적 개념

수학은 본래 현실적인 필요에서 생겨났다. 예를 들면 자연수는 '1, 2, 3,……' 이라는 수들의 집합으로서 여기에는 0이 들어가지 않는다. 원시인들은 사람이나 사물을 헤아리기 위해서 수를 만들었다.

'0'이라는 기호는 9세기경 인도에서 나타났다. 0이 생겨난 이유도 현실적 필요에 의한 것이었다. 사물을 헤아리는 일과는 달리 길이나 방향을 다루려면 '0'이 필수적이다. 자의 눈금은 길이를 나타내는데, 어떤 대상을 재려면 기준점이나 시작점이 있어야 한다. 이때 기준점이 '0'이다. 방향역시 마찬가지여서 원점이라고 부르는 출발점은 '0'이 되어야 한다.

이처럼 수학의 추상성에는 실제로 그 배경에 강력한 현실적 필요성이 깔려 있다. 음수, 허수, 집합, 미적분, 벡터 등 수학의 다른 추상적 관념들도 마찬가지이다.

미국의 교육심리학자 벤저민 블룸은 수학이나 과학에 쉽게 접근하기 위해서는 가정에서 평화, 행복, 사랑, 예술, 미래, 죽음 등의 추상명사를 자주 사용하는 것이 좋다고 한다.

수학이나 과학을 어려워하는 학생 중 상당수는 추상적 개념을 제대로 이해하지 못하는 데 원인이 있다고 한다. 유대인들이 추상적 개념에 강한 것은 눈에 보이지 않는 추상의 영역에 놓인 하느님의 존재를 떠올리는 훈련을 하기 때문이라고 한다.

게으른 공부법은
NO!

칼은 유아기 때부터 광범위한 지식을 섭렵해서인지 열 살이 되자 대학생에 뒤지지 않는 학습 능력을 보였다. 그런 면에서 나는 칼의 잠재력을 완벽하게 끌어내는 데 성공했다고 자부한다.

영국의 유전학자 프랜시스 골턴은 말했다.

"현대인과 고대 그리스인의 능력을 비교하는 것은 아프리카 원주민과 현대인을 비교하는 것과 같다."

많은 학자가 현대인은 고대 그리스인보다 열등하다고 생각한다. 우리가 그들보다 우월한지 열등한지의 여부는 우리 자신에게 달려 있다. 적기에 적절한 교육을 받는다면 현대인이라고 해서 고대 그리스인보다 뒤질 이유가 없기 때문이다.

나는 칼을 가르칠 때 현장감을 중시했다. 책을 통해 일정한 지식을 얻게 되면 현장 수업을 통해 이를 공고히 다졌다. 건축 공부를 할 때는 건물의 골격 안에 무엇이 들어 있는지 실제로 보여주었고, 고성을 구경할 때는 성의 역사를 이야기해 주었다.

어느 날, 칼이 갈릴레이의 '두 개의 쇠구슬 실험'에 대해 물었다.

"아빠, 무게가 다른 두 개의 구슬이 정말로 동시에 땅에 떨어지나요? 하나는 무겁고 하나는 가벼우면 당연히 무거운 것이 먼저 떨어져야 맞는 것 아닌가요?"

독일에서 교육을 받은 사람이라면 누구나 한 번쯤 들어봤을 질문이지만 실제로 이 이론에 대해 의문을 제기하는 사람은 그리 많지 않다. 아이들은 책의 내용을 아무 생각 없이 받아들인다. 물론 교과서의 내용이 잘못됐을 리는 없지만 아무런 사고 과정 없이 교과서의 내용을 100퍼센트 맹목적으로 받아들이는 것은 게으른 공부법이다.

칼은 어떤 내용이든 의문을 품고 깊이 사고하며, 실제로 확인하는 습관을 갖고 있었다. 나는 칼의 '두 개의 쇠구슬 실험'을 돕기 위해 크기가 서로 다른 두 개의 쇠구슬을 구입한 다음 칼과 함께 학교 옥상에 올라가서 실험을 했다. 우리의 이런 모습을 보고 사람들은 유난을 떤다고 수군댔지만 나는 개의치 않았다. 칼은 실험이 재미있고 신기했는지 한동안 지루하고 어려운 물리학에 푹 빠져 지냈다.

어떤 의미에서 보면 학습을 향한 칼의 열정은 현장 학습에서 자라난 게 아닌가 싶다.

놀이를 통한
학습법

　　우리 가족은 여행을 떠날 때면 칼에게 역할놀이를 통해 지리와 역사 지식을 가르쳤다.

　　칼과 나는 주부나 요리사가 되기도 하고, 장군이나 병사가 되기도 했다. 칼은 장군이건 병사건 맡은 역할에 충실했다. 장군 역할을 맡았을 때는 부하인 나를 위엄 있게 다스렸고, 병사가 되었을 때는 용감하게 적진에 침투해 열심히 싸웠다.

　　칼이 장군 역할을 맡았을 때 나는 부하가 되어 일부러 칼이 했던 잘못을 똑같이 저질렀다. 칼은 나의 잘못을 매번 잡아내며 야단을 쳤다. 칼은 역할놀이를 통해 자신의 잘못된 습관을 분명히 알 수 있게 되었다.

　　칼은 상상력을 바탕으로 역할 모델의 나이와 성별, 신분을 실감

나게 표현했다. 이런 놀이는 호기심과 탐구욕을 충족시킬 뿐만 아니라 독립심, 관찰력, 기억력, 판단력, 상상력, 창의력을 키워준다. 또한 언어 능력은 물론 조직을 관리하는 방법까지 배울 수 있다.

특히 동화는 지혜의 원천으로, 아이들을 매료시키는 힘이 크다. 우리 가족은 동화 속의 인물이 되어 시간 가는 줄 모르고 놀았다.

칼은 역할이 바뀌면 역할에 맞는 연기를 보여주었다. 동화를 선택해 연극을 하면 작품에 대한 이해력을 높이고 정서를 함양하는 데 효과적이다. 물론 동화를 선택할 때는 내용이 건전하고, 생동감이 넘치며, 문장이 아름다운 것으로 골랐다.

동화 연극 놀이에 푹 빠져 눈을 반짝이던 칼의 모습은 오랜 시간이 지난 지금도 잊히지 않는다.

2000년 전 그리스인들이 즐겼다는 눈 가리기 놀이는 아이들의 촉각 발달에 큰 도움이 되며, 숫자 세기는 숫자 감각을 키울 수 있어 좋다. 이 밖에도 우리는 고대 그리스인들이 즐겼다는 동상 놀이도 자주 했다. 이 놀이의 방법은 일정한 숫자를 세는 동안 동상처럼 움직이지 않고 같은 자세를 취하는 것이다. 그리스 시대의 동상이 아름다운 것은 이 놀이와 관계가 있는 것이 아닌가 싶다.

우리 가족은 다음 목적지로 이동할 때에는 반드시 칼에게 길 안내를 맡겼다. 생후 18개월부터 산책하면서 길 안내를 시작한 칼은 가족 여행의 길 안내도 책임지고 맡았다. 길 안내는 공간지각능력을 높이는 데 효과적이다.

. . .

나는 칼이 상식적이고, 바람직한 취미 생활을 즐기며,
좋고 싫음이 분명하고, 자기 수양에 힘쓰는 교양인으로
성장하기를 바랐다. 예컨대 '부족함이 없는 사람' 말이다.

Chapter 3

내 아이의
인성 교육

세상을 바르게 보는
분별력을 키운다

요즘 사람들은 아이들의 학교 성적을 올리는 것을 최우선 과제로 생각하고 있다. 학교 성적이 좋아야 성공할 수 있다고 여기기 때문이다. 그러나 분별력 없이 지식만 넓힐 경우 아이의 뇌는 한낱 지식 저장고가 될 뿐이다.

나는 칼이 어릴 때부터 역사며 과학, 지리를 포함한 다수의 교과 과목과 외국어를 가르쳤지만, 가장 중점적으로 교육한 것은 '분별력'과 '분석력'을 키우는 일이었다. 분별력과 분석력을 갖추지 못한다면 아무리 지식 수준이 높다고 해도 자신이 원하는 꿈을 이룰 수 없기 때문이다.

칼이 대여섯 살이었을 무렵, 주교가 우리 교구를 방문한 적이 있었다. 칼은 그를 따르며 갖가지 질문을 했다.

저녁 식사를 마친 뒤 나는 하인에게 주교가 묵을 방을 준비하게 했다. 그리고 직접 방으로 안내하며 조심스럽게 물었다.

"주교님, 누추하긴 하지만 깨끗하게 청소했고, 침대 시트도 방금 갈았습니다. 오늘 밤 이곳에서 주무시면 안 될까요?"

주교는 방이 너무 낡고 좁다고 생각했는지 인상을 찌푸리면서 말했다.

"멋진 방이지만 성내의 시청사에 머무는 게 낫겠어요."

그러고는 밖으로 걸어갔다. 이때 칼이 주교를 불렀다.

"주교님, 가지 마세요. 저는 주교님이 오셔서 얼마나 기쁜지 몰라요."

주교가 칼에게 미소를 지어 보였다.

"아가, 반겨줘서 고맙구나. 하지만 나는 가야 한단다."

주교가 떠난 뒤 내가 말했다.

"하룻밤 자고 가기엔 우리 집이 조금 누추했나 보다."

"성직자는 그런 것에 신경 쓰지 않는다고 그러셨잖아요."

칼이 반문했다. 나는 칼의 머리를 쓰다듬으며 말했다.

"칼, 모든 성직자가 아버지와 같은 생각을 하는 건 아니란다. 우리는 같은 하느님의 자식이지만 믿음의 깊이는 다른 것 같구나."

칼은 내 말을 이해하기 힘들어하는 눈치였다. 그래서 다시 이야기해 주었다.

"세상에는 각양각색의 사람들이 존재한단다. 좋은 사람도 있고 나쁜 사람도 있지. 그런데 누가 좋고 나쁜 사람인지 구별하는 건 쉽지 않아. 세상에는 많은 목사님이 있지만, 모두가 하느님 말씀을 실천하는 건 아니란다."

"아버지, 이제 알겠어요. 아버지는 진정한 목사님이고 주교님은 아니에요. 그렇죠?"

나는 말없이 웃었다. 한편으로는 칼의 어린 마음에 이미 진실과 거짓을 분별하는 능력이 생겼음을 짐작할 수 있었다.

❶ip 칼 비테가 살았던 당시의 독일은?

칼 비테(1748~1831)와 칼 비테 주니어(1800~1883)가 생존했던 전후 독일의 300년, 정확하게 말해서 바로크 시대를 연 바흐가 탄생한 시기부터 1933년 히틀러가 등장하기 전까지 독일에는 무수히 많은 천재가 태어나 활약했다.

18세기에 이미 50개 대학을 보유한 독일(같은 시기 영국은 대학교가 단 두 곳뿐이었다.)은 '빌둥 Bildung(교육, 교양, 자아 형성, 자아실현 등 다양한 의미가 내포되어 있다.)'을 지상 목표로 삼았고, 교육받은 중산 계층이 최초로 형성되었다. 그야말로 '유럽의 세 번째 르네상스, 두 번째 과학 혁명'이 일어난 시기였다.

칸트, 헤겔, 쇼펜하우어, 니체, 비트겐슈타인, 하이데거가 철학을, 하이든, 베토벤, 슈베르트, 모차르트가 음악을, 릴케, 하이네, 괴테, 헤세, 브레히트, 실러가 문학을, 멘델, 아인슈타인, 가우스, 슈뢰딩거, 하이젠베르크가 과학의 금자탑을 쌓았고, 마르크스, 베버, 프로이트, 융, 아도르노, 루카치, 벤야민, 야스퍼스, 지멜, 하버마스, 아렌트 등의 심리학자가 활약했다. 이 시기의 독일은 내면의 풍요를 이상으로 삼았으며, 어떤 나라보다 많은 노벨상 수상자를 배출해 냈다.

더욱 흥미로운 사실은 많은 독일 천재들이 루터주의 목사의 자제였다는 점이다. 칼 비테 역시 목사였다.

맹목적인 낙관주의는
위험하다

맹목적인 낙관주의는 매우 위험하다. 쇼펜하우어는 이와 관련해 다음과 같은 말을 남겼다.

"세상살이의 비극과 고통의 실체를 알게 되면 누구나 크게 실망할 것이다."

비록 쇼펜하우어는 염세주의자로 알려져 있지만, 위대한 철학자임에 틀림없다.

대부분의 사람은 남을 돕는 것을 미덕이라고 생각한다. 하지만 도와도 되는 사람과 그럴 필요가 없는 사람이 있는데, 이를 구별하는 일은 쉽지 않다. 신은 누구에게 인정을 베풀어야 하는지 알고 있지만, 대다수의 사람은 무엇이 진정한 선인지 구분하지 못한다. 그래서 어떤 사람은 자신을 희생하면서까지 남을 도왔다가 되레 사기를 당하기도 한다. 그 이유는 분별력이 부족해서이다.

칼은 내가 준 용돈을 차곡차곡 모아서 필요한 학용품을 스스로 구입했다. 언젠가 한 번은 용돈을 준 지 얼마 지나지 않았는데 용돈이 바닥나고 없었다.

"칼, 신학기라서 학용품을 산 모양이구나."

"아니요."

칼은 어찌 된 일인지 용돈을 어디에 썼는지 밝히지 않았다. 나는 칼도 이제는 용돈 정도는 자유롭게 쓸 권리가 있다고 생각했으므로 더 이상 추궁하지 않았다. 그런데 그날 저녁, 칼이 왜 용돈이 바닥났는지 말했다. 알고 보니 코랜드라는 남자아이에게 용돈을 빌려준 것이었다.

코랜드는 가난한 집 농부의 아들로, 칼보다 세 살 위였다. 칼은 코랜드의 처지가 안타까워 가지고 있던 용돈을 빌려주었다고 했다.

그런데 상황이 묘하게 흘러갔다. 내가 알기로 코랜드의 아버지는 술주정뱅이에 말할 수 없이 게으른 사람이었다. 코랜드 역시 가정환경의 영향을 받아서인지 매일 놀기만 했다. 게으름뱅이 코랜드는 칼에게서 빌린 돈을 생필품을 구입하는 데 쓴 것이 아니라 도박으로 날려 버린 모양이었다. 코랜드로부터 도박장에서 돈을 따서 빌린 돈을 갚겠다는 말을 들은 칼은 코랜드의 변명을 늘어놓기에 바빴다. 나는 칼의 잘못된 생각을 고쳐주기 위해서 코랜드

가족의 문제점을 논리적으로 설명해 주었다.

"코랜드가 네게 돈을 갚을 거라고는 꿈도 꾸지 마라. 왜냐하면 도박으로는 절대 돈을 딸 수 없기 때문이야. 도박에 빠진 사람을 구할 약은 세상 어디에도 없어. 그러니 그런 사람은 도와줄 가치가 없는 거야."

"하지만 아빠가 다른 사람을 도와야 한다고 했잖아요."

"물론 그랬지. 하지만 반드시 돈으로 도와줘야 하는 것은 아니야. 게다가 도와줄 가치가 없는 사람에게는 더더욱 돈을 줘선 안 돼. 남의 도움이 필요한 사람은 세상에 많아. 그리고 겉으로는 선량한 것 같지만 네게 다른 목적으로 접근하는 사람도 있다는 걸 알아야 해. 그렇기 때문에 정말 좋은 사람과 의도를 가지고 접근하는 사람을 구분할 수 있어야 하는 거야. 분별력은 어른이 되면 자연스럽게 생기지만, 지금부터 알아가도록 노력해야 해."

당시 칼은 내 말을 완전히 이해하지는 못한 것 같았지만 다시는 코랜드에게 돈을 빌려주지 않았다. 칼은 사회 경험을 좀 더 쌓은 뒤에야 내 말을 온전히 이해한 것 같았다. 훗날 칼은 대학교에 다니면서 돈과 관련된 내용의 편지를 보내왔다.

'남에게 돈을 빌려서도 안 되고, 빌려줘서도 안 된다고 생각해요.'

아이들이 너무 일찍 세상사를 알게 되면 영악해진다고 생각하는 사람도 있다. 하지만 나는 아이들에게도 세상 물정을 가르쳐서 절대 선의의 피해를 입지 않도록 방비해야 한다고 생각한다.

아이들은 겉보기에 친절하면 무조건 좋은 사람이라고 생각한다. 하지만 사기꾼이나 유괴범은 모두 선량한 얼굴을 하고 있지 않는가? 겉보기에 좋아 보이는 사람이 실제로는 나쁜 사람일 수 있고, 무서운 얼굴을 한 사람이 의외로 좋은 사람일 수 있다는 것을 아이들은 잘 모른다. 따라서 부모는 자녀에게 인간사의 실체를 이해시켜야 할 의무가 있다.

항상 지혜롭게
처신하게 한다

어떤 부모는 자식을 고매한 인품의 소유자로 만들고 싶다는 욕망에 세상사의 어두운 면을 애써 보여주지 않으려 한다. 어린 시절 부모가 씌워준 면사포를 통해 만사를 아름답게만 바라보는 아이들은 사회에 진출해서 마음고생을 겪게 된다.

반면 성실함과 규칙을 지키는 것만이 최고의 덕목이라고 가르치는 부모도 있다. 물론 이런 교육을 받고 자란 아이들은 책임감 있고 규칙을 잘 따르는 사람으로 성장할 수 있다. 하지만 나는 사람이 성실하기만 해서는 안 된다고 생각한다. 성실함을 바탕으로 지혜롭게 처신할 수 있어야 하기 때문이다.

언젠가 다른 교구를 방문하고 돌아왔을 때의 일이다. 나와 떨어져 지낸 적이 거의 없었던 칼은 아버지가 그리웠던지 마차가 집

앞에 도착하기가 무섭게 한걸음에 달려와 내 품에 안기려고 했다. 나는 일부러 칼을 피했다. 그 바람에 칼은 땅바닥에 사정없이 고꾸라지고 말았다.

얼마 후 자리에서 일어난 칼은 나를 의심의 눈초리로 쳐다보았다. 겨우 다섯 살밖에 안 된 칼은 자신을 몹시 사랑하는 아버지가 왜 그런 행동을 했는지 이해할 수 없다는 표정을 지었다. 아내는 그런 나를 보며 화를 냈다.

"칼이 얼마나 당신을 기다렸는데, 안아주지는 못할망정 넘어뜨리다니요."

나는 대답 대신 미소를 지었다. 그러자 칼은 나를 무섭게 쏘아보더니, 방 안으로 뛰어 들어갔다.

"칼! 기다려."

칼은 나를 등진 채 자리에 멈춰 섰다.

"미안해. 아빠가 네게 한 가지 중요한 사실을 가르치려고 장난 좀 친 거야."

"그게 뭔데요?"

"사람을 쉽게 믿지 말라는 거야. 설령 아버지라고 해도 말이야."

칼은 여전히 화가 풀리지 않은 얼굴로 나를 바라보았다.

"물론 아버지는 믿을 만한 사람이니까 걱정하지 않아도 돼. 하지만 평소 네게 잘해 줬던 사람이라고 해서 언제까지나 잘해 줄 것으로 생각해선 곤란해. 경계하지 않으면 큰코다칠 수 있어."

다섯 살짜리 꼬마로서는 이해하기 힘든 말일 수도 있지만, 이것은 칼이 반드시 알아야 할 '현실'이었다.

훗날 칼은 그때의 일을 통해 교훈을 얻어서인지 대인관계에서 매우 지혜롭게 처신했다.

칼과 리드인치 씨와의 일화 역시 칼의 인격 형성에 큰 도움이 되었다. 리드인치 씨는 마흔 살의 나이에 학식이 높고 예술 분야에 지식이 풍부한 교양인이었다. 성격이 쾌활한 그는 어린아이들에게 교훈적인 이야기를 들려주며 스스로 문제를 해결하도록 도와주었기 때문에 학부모들에게 크게 환영받았다. 게다가 그는 어떤 이야기든지 새로운 관점으로 재해석하는 재능이 있었다.

어느 날, 그가 우리 집을 방문하자 칼은 몹시 기뻐했다. 저녁 식사 후 그는 이웃집 아이들까지 불러 모아 이야기를 시작했다. 리드인치 씨는 동서고금을 통해 잘 알려진 이야기를 들려준 후 마지막으로 예술 분야에 대해 잠시 언급했다.

그의 이야기 솜씨는 참으로 맵찬 데가 있어서 호기심 많은 아이들은 물론이거니와 어른인 나도 매우 흥미로웠다. 그런데 음악가들 이야기를 하다가 한 유명 음악가의 출신 국가를 잘못 말하고 말았다.

"독일에는 위대한 음악가가 얼마나 많은지 아니? 바흐, 베토벤, 파가니니…… 모두 독일인이란다."

상식이 조금만 있다면 파가니니가 이탈리아 사람이라는 것쯤은 안다. 그런데 리드인치 씨는 아주 기본적인 상식을 실수하고 말았다. 나는 잠시 헛갈렸을 것으로 생각하고 그냥 지나쳤다. 하지만 아직 남을 배려하는 마음이 부족한 칼은 바로 그의 실수를 지적했다.

"아저씨, 파가니니가 독일 사람이라고요? 하하!"

칼은 크게 소리 내어 웃었다. 순간 리드인치 씨는 몹시 당황했는지 얼굴색이 확 바뀌었다. 나는 재빨리 칼에게 얌전히 있으라고 눈짓을 보냈지만, 칼은 눈치채지 못하고 계속해서 그의 실수를 꼬집었다. 리드인치 씨는 칼의 지적에 어쩔 줄 몰라 하더니 결국 자리를 털고 일어서서 칼을 노려보며 말했다.

"흥, 너희들 앞에서 별 이야기를 다했구나. 내가 어리석었지."

그러고는 문을 거칠게 열고 나가 버렸다. 나는 밖으로 나가는 그를 만류하려다 소용없다는 것을 알고 그만뒀다. 그는 성격이 괴팍하기로 유명했기 때문이다. 잠시 후 칼이 물었다.

"아빠, 제가 잘못 말한 건가요?"

"어쨌든 방법이 적절치 않았어. 네가 많은 사람 앞에서 아저씨의 실수를 지적하는 바람에 아저씨 입장이 곤란해졌잖아. 아저씨 얼굴 빨개진 것 못 봤니?"

"그럼 아저씨가 틀렸는데 어떡해요. 일부러 곤란하게 할 생각은 없었어요. 단지 사실을 말하려고 한 건데……."

"아저씨는 자존심이 센 분이잖아. 아마 많은 사람 앞에서 톡톡히 망신을 당했다고 생각했을 거야."

그러자 칼이 억울해했다.

"체면을 살리려면 가만히 있어야 한다고요? 그건 진실을 외면하
는 거잖아요."

"방법에 주의해야지. 아저씨가 이야기를 모두 끝낸 뒤에 따로
말씀드렸으면 화내지 않고 틀린 부분을 지적해 줘서 고맙다고 했
을지도 몰라."

"왜요?"

"그야 너 덕분에 음악가에 대해 정확한 정보를 얻은 데다가 체
면도 살려줬을 테니까. 앞으로는 교양을 쌓더라도 처신에 신경 쓰
지 않으면 안 돼."

많은 부모가 아이들에게 선을 행하고 진리를 탐구하라고 가르
친다. 이를 실행하기 위해서는 지혜롭게 처신하는 법도 알아야 한
다. 부모가 기본적인 처세술을 보완해 주면 자녀는 더욱 성숙한
인격자로 거듭날 것이다.

고마움은 반드시
표현하게 한다

사람은 누구나 풍요로운 생활을 누리고 싶어 하지만 그것이 뜻대로 잘 안 된다. 나는 많은 노력 끝에 주변 사람들로부터 존경받는 목사로 알려졌지만, 경제력은 내 뜻대로 이룰 수 없었다. 젊은 시절에는 성실하게 노력하기만 하면 경제력이 자연히 따라올 것이라고 생각했다. 하지만 현실은 녹록지 않았다.

내가 열아홉 살이었을 때, 한 백작이 나의 재능을 높이 사서 다방면에 도움을 주었다. 나는 마음속으로 몹시 고맙게 생각했지만 단 한 번도 따로 찾아가 고마움을 표시하지 않았다. 굳이 고마움을 표시할 필요가 없다고 생각했기 때문이다.

처음 얼마간은 백작도 나의 성격을 알았는지 나의 뻔뻔한 행동에 대해 별로 개의치 않았다. 그러나 어느 순간부터 서서히 거리를 두기 시작하더니 나중에는 아예 만나주지도 않았다. 백작의 후원이 끊긴 뒤 나는 생활고로 힘든 나날을 보내야 했다. 나의 재능을 알아봐 준 유일한 사람에게 제때 고마움을 표하지 않아 고생했던 나는 칼에게만은 나의 잘못된 전철을 밟게 하고 싶지 않았다.

메르제부르크 공립중학교 교장인 프란츠는 칼의 재능을 알아보고 상류층 사람들에게 적극적으로 추천해 칼이 돈 걱정 없이 공부할 수 있는 발판을 마련해 주었다.

어느 날, 나는 메르제부르크에 있는 교회 건물을 수리하러 간 김에 프란츠 교장에게 칼을 인사시키기로 했다. 인사를 하러 가기 전에 칼에게 물었다.

"프란츠 교장 선생님께 어떤 선물을 하는 게 좋을까?"

"선물을 왜 하려고 하는 거예요?"

"존경심과 고마움을 표시하기 위해서야."

"아빠, 마음속으로 고맙다고 생각하면 되는 것 아닐까요?"

"마음속으로?"

그러자 칼이 자신 있다는 투로 말했다.

"책에서 봤는데, 원대한 포부를 가진 사람은 사소한 일에 얽매여서는 안 된다고 했어요."

나는 칼에게 처세법을 교육시켜야겠다는 생각에 백작과의 일화를 알아듣도록 설명했다. 그러자 칼이 흥분해서 말했다.

"백작님은 정말 소심한 사람이군요."

"아니야. 남 탓을 해서는 안 돼. 제때 감사의 표시를 하지 않은 아빠가 잘못이지. 사람의 마음은 복잡하단다. 그러니 늘 처신을 올바르게 해야 하는 거야."

칼이 당시 내가 말한 처신을 완벽하게 이해한 것 같지는 않았지만 어쨌든 우리는 선물을 마련해 교장에게 전해 주었다. 프란츠 교장은 선물을 받고 매우 기뻐했다.

"칼이 재능만 출중한 줄 알았더니 다른 사람을 배려할 줄도 아는구나. 칼, 넌 나중에 반드시 성공할 거야."

아무리 뛰어난 인재라도 거기에 상응하는 지위나 환경이 마련되지 않으면 재능을 제대로 발휘할 수 없다. 운신의 폭이 좁아 심리적으로 위축되거나 생계를 걱정해야 할 상황이 되면 가진 재능을 발휘하기 어렵기 때문이다. 따라서 공부를 열심히 하는 것 못지않게 처세술을 익히는 것도 중요하다.

지식보다 중요한 것이
인성이다

칼이 성장하면서 여러 방면에서 뛰어난 재능을 보이자 주변 사람들은 내가 칼을 신동으로 만들려는 목적으로 가르치고 있다고 수군댔다. 심지어 어떤 사람은 내가 개인적인 허영심을 만족시키기 위해 아들을 교육한다고 비난하기도 했다. 나는 이런 무가치한 논쟁에 휘말리는 것이 괴로웠다. 내가 칼의 교육에 힘쓴 것은 칼이 폭넓은 지식을 두루 섭렵하게 해서 건강하고 행복한 삶을 누릴 수 있도록 돕고 싶었기 때문이다.

사람들은 내가 칼의 지능 개발에만 치중한다고 했지만 사실 나는 지능 개발보다 윤리 교육을 더 중시했다. 나는 칼이 올바른 인성의 소유자가 되기를 진정으로 바랐기 때문이다.

가정은 아이가 자라는 요람이기 때문에 가족 구성원의 말과 행동은 아이에게 크나큰 영향을 미친다. 뿐만 아니라 가정환경은 아이들의 미래의 향방을 제시하는 중요한 공간이기도 하다. 나는 칼에게 늘 기독교적 교리에 어긋나지 않게 행동하라고 일렀다.

부모는 자녀를 올바르게 가르쳐야 할 책임이 있다. 그래서 나는 친구들이나 이웃 사람들에게 칼을 무조건 감싸지 말고, 잘못을 저질렀을 때는 그 자리에서 지적해 달라고 부탁했다.

나와 아내는 칼에게 넘치는 사랑을 주었지만 절대 버릇없는 행동을 하도록 내버려 두지는 않았다. 인내심과 자제력이 부족한 아이는 누구에게도 존중받지 못한다. 가끔 칼이 속상해하며 우는 일이 있어도 지나친 위로나 동정심을 보이지 않았다. 그래서 그런지 칼은 나이에 비해 강인했다. 나는 칼에게 인생에서 가장 소중한 것은 남을 배려하는 일이라고 말했다.

"칼, 타인에게 사랑받기 위해서는 남을 배려할 줄 알아야 해. 남을 배려하려면 동정심이 있어야 한단다. 동정심이 있는 사람은 언제나 남을 도울 준비가 되어 있고, 함께 고통을 나누며, 사회에 공헌하기 위해 노력한단다. 그런 사람은 가족을 비롯해 친구들과도 좋은 관계를 유지하지. 좋은 친구를 두루 사귀게 되면 살아가면서 더 많은 기회를 얻을 수 있어."

어느 날 저녁, 칼과 산책할 때였다. 칼이 우리 곁을 지나가던 떠돌이를 눈여겨보며 말했다.

"아빠, 저 사람은 왜 저렇게 떠돌아다닐까요? 저 사람에게 필요한 것은 무엇일까요?"

나는 칼에게 생각할 시간을 주기 위해서 바로 대답하지 않았다. 그런데 칼은 평소처럼 혼자 생각에 빠져 있지 않고 떠돌이에게 직접 물었다.

"아저씨는 왜 떠돌아다니는 거예요? 지금 당장 필요한 걸 말해 보세요."

"빵-!"

떠돌이는 웃으며 말했다. 그는 여섯 살짜리 꼬마에게 이런 질문을 받기는 처음이었는지 대답을 하자마자 발걸음을 재촉했다.

"아저씨, 잠깐만 기다려주세요."

칼은 말을 마치기가 무섭게 집으로 뛰어 들어갔다.

"선생님 아들입니까?"

그가 내게 물었다.

우리는 잠시 서서 이야기를 나눴다. 그는 고향에 대한 그리움과 유랑 생활의 고달픔을 하소연했다. 잠시 후 칼이 빵 두 개를 들고 숨을 헐떡거리며 뛰어왔다. 칼이 빵을 들고 내 눈치를 보기에 나는 허락한다는 뜻으로 고개를 끄덕였다.

"아저씨, 이건 우리 가족이 아저씨께 드리는 거예요."

칼이 떠돌이에게 빵을 건네는 모습에서 진심이 느껴졌다. 떠돌이가 떠난 후 나는 칼에게 그 사람에게 어떻게 빵을 줄 생각을 했느냐고 물었다.

"아버지가 착한 일을 많이 해야 천국에 간다고 하셨잖아요. 저는 엄마, 아빠도 떠돌이 아저씨에게 빵 주는 걸 허락하실 줄 알았어요."

인지 능력의 발달과 함께 사람은 자연스럽게 타인에 대한 동정심을 품게 된다. 하지만 올바른 교육을 받지 못할 경우 남을 배려할 줄 모르는 냉혹한 사람으로 성장할 수 있다.

나는 칼이 어릴 때부터 '성숙한 인격자가 지식을 많이 쌓은 사람보다 존경받는 법'이라고 가르쳤다. 성숙한 사람은 타인의 생각과 감정을 이해하고, 스스로 어려움을 극복하며, 타인의 고통을 함께 나눌 줄 안다. 그런 사람은 책임감이 강하다. 나는 칼이 자신에게 엄격하고, 타인을 배려할 줄 아는 담대한 대장부가 되기를 바랐다.

다른 사람의 일을 돕는다는 것은 사랑을 표현하는 또 다른 방식이다. 그래서 칼이 식탁을 닦고 그릇을 치우는 등 집안일을 돕는 것을 적극 권유했다.

덕분에 칼은 겸손하고 온화한 성품을 지닌 소년으로 성장했다. 칼은 들꽃 한 송이도 함부로 꺾지 않았고, 동물도 진정으로 사랑했다. 그래서 사람들은 칼을 천사처럼 순수한 아이라고 칭찬했다.

균형 감각이 있는
인재로 키운다

학자란 어떤 사람을 말하는가?

학자는 전문적인 지식을 쌓기 위해 한 분야에 깊이 파고들어 공부하는 사람들이다. 그래서 대부분의 학자는 자신의 전공 분야 밖의 지식에 대해서는 문외한인 경우가 많다. 나는 이런 학자 유형을 좋아하지 않아서 칼을 학자로 키우고 싶지 않았다.

그런데 문제가 생겼다. 칼이 여러 분야에서 뛰어난 실력을 인정받자 자긍심이 강하다 못해 지나쳐서 자신을 신동 학자라고 착각하는 것 같았다. 그 시기부터 말투도 거칠어졌고, 이해할 수 없을 정도로 난해한 글을 쓰기 시작했다.

난해한 칼의 글이 뛰어나다고 칭찬하는 사람들이 있었는데, 그들은 바로 지식 과시욕에 혈안이 된 학자들이었다. 칼은 일반인이 이해하기 어려운 난해한 글을 쓴 덕분에 학자라는 명함을 얻었지만 나는 어쩐지 칼이 밉살스럽게 보였다.

어느 날, 칼이 친구들 앞에서 잔뜩 어깨에 힘을 주며 거들먹거리기에 말이 끝나기를 기다렸다가 물었다.

"칼, 왜 계속하지 않는 거야?"

칼은 놀라서 나를 쳐다보더니 이내 못 들은 척했다.

당시 칼이 했던 '연설'은 그야말로 엉망진창이었다. 분명한 관점도 없었고, 내용과 동떨어진 명언을 인용하는 바람에 간단한 논리를 더욱 복잡하게 만들었다. 칼의 연설은 겉멋이 잔뜩 들어 있었다.

칼이 나의 조언을 불만스러워하기에 나는 아이들에게 물었다.

"칼이 무슨 말을 했는지 이해했니?"

"아니요. 무슨 말인지 하나도 못 알아들었어요."

"처음에는 이해했는데, 뒤로 갈수록 점점 더 이해가 안 됐어요."

잠시 후 나는 칼에게 말했다.

"지식을 올바르게 전하려면 단순 명료하게 표현할 수 있어야 해. 다른 사람들이 못 알아듣게 말하는 건 네가 바보라는 것을 증명하는 것이나 마찬가지야."

이후 칼은 지식을 과시하기 위한 어리석은 짓은 하지 않았다.

알고 보면 교육이란 사회생활을 원활하게 할 수 있도록 훈련시키는 과정이다. 이를 위해 세상의 모든 부모와 교육자는 책임 의식을 가져야 한다.

그러나 학교에서는 엄격한 규율을 통해 획일화된 교육을 받은 학생들을 수없이 양산해 내고 있다. 나는 칼에게 창의력과 상상력이 없으면 제아무리 다양한 언어를 습득하고 독서량이 많다고 해도 아무런 가치가 없다고 말했다. 천편일률적인 개성의 소유자들은 아무리 그 숫자가 많아도 늑대를 따라가지 못하는 양에 불과하기 때문이다.

스스로를 훌륭한 교육자라고 자부하는 나의 몇몇 친구들은 갖가지 엄격한 규칙을 적용해 아이들을 관리했는데, 이런 규칙은 개개인의 타고난 개성을 소멸시킬 뿐이다. 특출한 재능의 소유자들이 규율 속에 갇히면 규율을 어겼다는 이유로 비판받고, 동급생과 다르다는 이유로 고통받는다.

아테네 시대에 그리스 문명이 만개할 수 있었던 것은 자유로운 시민 생활이 보장되었기 때문이고, 비잔틴 시대에 그리스 문명이 시들어버린 것은 엄격한 규율이 적용되어 개개인의 개성이 소실되었다는 것을 기억해야 한다.

나의 바람은 칼이 책만 읽는 학자나 세상을 떠들썩하게 하는 신동이 되는 것이 아니었다. 나는 칼이 상식적이고, 바람직한 취미 생활을 즐기며, 좋고 싫음이 분명하고, 자기 수양에 힘쓰는 교양인으로 성장하기를 바랐다. 예컨대 '부족함이 없는 사람' 말이다.

눈물이 무기가
되지 않게 한다

칼이 세 살이 되기 전의 일이다. 식사를 마치자마자 칼은 과자를 먹겠다고 고집을 부렸다. 나는 과식은 건강을 해친다는 생각에 과자를 먹지 못하게 말렸다. 그러자 칼이 바닥에 드러누워 떼를 쓰며 울기 시작했다. 마음이 약한 아내는 보다 못해 과자를 쥐어주었다.

"칼, 울지 마. 일어나서 과자 먹자."

칼은 떼를 씀으로써 과자를 쟁취하는 데 성공했다.

그날 밤, 나는 그 일과 관련해 아내와 의논했다. 부모가 아이에게 끌려다녀서는 절대 안 된다고 생각했기 때문이다. 세 살 때 버릇을 열다섯 살까지도 버리지 못한다면 보통 문제가 아니다.

울어서 원하는 것을 쟁취한 아이는 무엇이든 눈물을 무기로 얼어내려고 한다. 눈물을 무기로 성장한다면 나중에는 울고 떼를 쓰는 것도 모자라 폭력을 행사할 수도 있다. 어린 시절 아이와 부모의 관계는 아이가 성장한 뒤의 대인관계에도 크나큰 영향을 미친다. 그래서 나는 칼에게 울어도 소용없다는 것을 분명히 보여주기 위해 아무리 울며 떼를 써도 못 본 체했다.

그러나 칼이 실수로 물을 쏟거나 물건을 망가뜨렸을 경우에는 혼을 내거나 벌을 주는 대신 덜렁대지 말라고 일렀다. 일부러 말썽을 피우거나 내게 도전한 것도 아닌데 혼낼 필요가 없다고 생각했기 때문이다. 하지만 내 주의를 끌기 위해 소란을 피우면 반드시 혼을 내고 벌을 주었다.

이후 칼이 인성과 학식을 겸비했다는 소문이 나자 이웃에 살던 사촌이 나를 찾아와 조언을 구했다.

"어릴 때 제대로 가르치지 않아서 그런지 아이가 엉망이 되어버렸어. 어린 시절 말썽을 피울 때는 커서 말귀를 알아들으면 교육시키려고 했는데, 이렇게 될 줄 누가 알았겠어? 아이가 얼마나 성격이 괴팍하고 이기적인지 몰라. 툭하면 불같이 화를 내. 이제는 아이가 뭘 잘못해도 무서워서 야단을 칠 수가 없다니까. 이제 겨우 열세 살인데 완전히 고삐 풀린 망아지 같아서 통제가 불가능해."

나는 사촌에게 관계를 회복하기 위해서는 '존중'하는 마음이 있어야 한다고 말했다. 그러나 존중하는 마음은 서로 간의 이해가 전제되어야 한다. 따라서 아이가 부모를 존중하게 하려면 부모가 먼저 아이를 존중해 주어야 한다. 사람의 마음은 상대적이기 때문이다.

자녀의 인성 교육은 되도록 일찍 시작하는 것이 좋다. 적기에 인성 교육이 이루어져야 성장해서도 문제가 없다.

ⓣip 아이의 감정 조절 능력

아이의 감정 표현은 태어날 때부터 자기만의 패턴을 가지고 있다. 하지만 가장 가까운 주변 사람에게 감정을 조절하는 능력을 배운다. 부모가 어떤 상황에서도 침착하게 대처하면 아이도 부모의 행동을 보고 침착하게 행동한다.

부모의 유형에는 전제형 부모, 자유방임형 부모, 민주형 부모가 있다.

전제형 부모는 모든 일을 부모 입장에서 결정하고 명령하는 부모를 말한다. 이런 부모 밑에서 크는 아이는 반항적인 아이가 될 가능성이 높다.

한편 자유방임형 부모 밑에서 크는 아이는 책임감이나 사회성이 떨어질 수 있다.

그러나 민주형 부모 밑에서 크는 아이는 정서적으로 안정되고 남을 배려할 줄 아는 아이로 큰다.

민주형 부모가 되기 위해 가장 먼저 해야 할 일은 '규칙'을 만드는 것이다. 규칙을 정할 때는 가족회의를 통해 아이와 부모가 합의하여 정해야 한다.

실수하고 배우는 과정에서
독립심을 기른다

나는 최선을 다해 칼이 세상에 적응할 수 있도록 가르쳤다. 믿는 만큼 자란다고, 나는 칼의 미래를 낙관했다. 앞에서도 언급했듯이 칼은 세 살 때부터 누가 시키지 않아도 스스로 집안일을 도왔다. 우리 집을 방문한 손님들은 칼이 어머니를 도와 그릇을 나르는 모습을 보고 말했다.

"조심해, 칼! 그러다가 깨뜨리겠어."

그러면 내가 말했다.

"걱정 마세요. 칼은 그릇을 아주 잘 나르거든요."

물론 칼에게 그릇을 나르지 못하게 하면 그릇이 깨질 걱정은 없다. 하지만 아무 일도 하지 못하게 하면 자신감을 잃어버릴 수 있다. 칼이 옷 입는 법을 배울 때는 옷을 거꾸로 입어도 개의치 않고,

연습하면 잘할 수 있을 것이라고 추어올렸다. 그리고 칼이 제대로 옷을 입을 때까지 인내심을 갖고 기다렸다.

또한 칼에게 스스로 방을 청소하게 했는데, 아직 어려서 깔끔하게 정돈하지 못하더라도 잘했다고 칭찬해 주었다. 그럴 때는 아이가 얼마나 깔끔하게 정리했느냐가 중요한 것이 아니라 스스로 청소를 했다는 것에 의미가 있기 때문이다.

나는 늘 칼에게 부지런하게 몸을 움직이며 사고해야 가치 있는 인재가 된다고 말했다. 아무리 머리가 좋아도 게으르면 목표를 향해 나아갈 수 없기 때문이다. 아이가 실수하거나 일을 제대로 처리하지 못했을 때는 실수를 꼬집기보다 인내심을 갖고 지도해야 한다. 단지 경험과 기술이 부족한 탓이지 재능이 부족하거나 적극성이 없어서가 아니기 때문이다.

아이는 실수를 하고, 다시 배우는 과정을 통해 자신감과 독립심이 길러진다. 나는 칼이 혼자 할 수 있는 일이면 스스로 하도록 격려하고, 실패했을 때는 혼자 방법을 연구해서 해결하게 했다

나는 성격이 원만했지만, 칼을 가르칠 때만큼은 매우 엄격했다. 한없이 부드럽기만 하면 아이의 버릇이 나빠질 수 있기 때문이다. 엄격하게 지도하되 절대 강압적인 훈계는 하지 않았다.

사실 '엄격함'과 '강압'의 경계가 모호할 수 있다. 강압적인 교육을 하면 아이가 상처를 받을 수 있다. 아무리 힘든 일이라도 납득할 수 있게 설명하면 당연하게 받아들인다.

그러나 여러 사람 앞에서 아이의 잘못을 다그쳐서는 안 된다. 나는 칼이 실수를 하더라도 '아버지가 나를 진심으로 사랑하는구나!'라고 느낄 수 있도록 혼자 있을 때 조용히 타일렀다. 사람들 앞에서 꾸중하거나 벌을 주면 자존심에 상처를 입을 수 있기 때문이다. 또한 무슨 일을 시킬 때도 왜 그 일을 해야 하는지 당위성을 설명해 강압적으로 일을 시키는 것이 아니라는 것을 납득시켰다.

한번은 칼이 친구들과 고대 기사 놀이를 하다가 이웃집의 화초를 망가뜨린 적이 있었다. 나는 당장 칼에게 이웃집으로 가서 사과하게 했다. 이튿날 나는 이웃집 주인을 만났지만, 전날의 화초 사건에 대해서는 일언반구도 하지 않고 칼을 칭찬하느라 여념이 없었다.

"비테 목사님, 아드님이 정말 예의가 바르더군요."

만약 그 자리에서 내가 큰 소리로 칼을 야단쳤다면 이웃집 주인은 어찌할 바를 몰라 당황스러웠을 것이고, 칼의 자존심에 상처를 입혀 사태를 악화시켰을 것이다.

많은 사람이 엄격한 교육과 강압적인 교육을 혼동한 나머지 폭군이 되어 아이를 지배하려고 하는 경우가 있다. 무섭게 야단을 치면 아이가 자신의 말을 따를 것이라고 생각하기 때문이다. 그러나 그럴 경우 아이는 자신의 잘못을 깨닫기는커녕 부모를 포함한 주변 사람들을 비난할 수 있다.

다음에 소개하는 글은 양치기 소년의 일화이다. 이 일화를 통해 폭력적인 아버지가 어떻게 자식을 폭군으로 만들었는지 알 수 있다.

양을 좋아하는 아이가 있었다. 아이는 늘 혼자 양을 끌고 언덕에 올라 어린 양이 풀을 뜯어먹는 모습을 흐뭇하게 지켜봤다. 아이는 자신이 가장 좋아하는 친구인 어린 양에게 재미있는 이야기를 들려주고 함께 햇볕을 쬐며 노는 것을 좋아했다.

어느 날, 아이는 언덕에 올라 햇볕을 쬐다가 깜박 잠이 들었다. 아이는 꿈속에서도 어린 양과 함께 있었다. 아이가 문득 잠에서 깨어나 보니 어린 양이 눈에 띄지 않았다. 놀란 아이는 사방을 헤매며 양을 찾아다녔으나 결국 양의 행방을 찾을 수가 없었다. 아이는 세상에서 가장 사랑하는 친구를 영원히 보지 못하게 될까 봐 바닥에 주저앉아 서럽게 울었다.

날이 어두워지자 집으로 돌아온 아이는 아버지에게 양이 사라졌다며 도움을 청했다. 하지만 아이에게 돌아온 것은 '함께 양을 찾자'는 위로의 말이 아니라 주먹이었다. 아이의 아버지는 양이 사라졌다는 말에 자세한 연유도 묻지 않고 아이를 때리기 시작했다.

"한 마리밖에 없는 양을 잃어버리다니, 양을 찾기 전에는 집에 돌아올 생각도 마!"

아이의 아버지는 아이를 문밖으로 쫓아냈다. 아이는 뺨을 얻어맞은 서러움보다 마음이 더 아팠다. 아이는 어둠 속에서 산을 헤매며 양을 찾았지만, 머릿속에서 사라지지 않는 것은 아버지에 대한 분노였다. 양을 잃어버린 것이 이토록 심하게 맞을 만한 짓이었는지 이해할 수가 없었다.

"양을 잃어버려서 슬픈 건 나야. 아버지는 그런 내 마음도 이해해 주지 않고 양을 찾을 때까지 집에 돌아오지 말라니, 내가 양보다 못한 걸까?"

잠시 후 아이는 그리 멀지 않은 곳에서 흰 물체를 발견했다. 가까이 가서 보니 낮에 잃어버렸던 어린 양이 한가하게 풀을 뜯고 있었다. 아이는 전처럼 뛰어가서 양을 안아주는 대신 커다란 돌을 손에 쥐었다.

"너 때문에 아버지가 날 때렸어."

아이는 울면서 양에게 돌을 던졌다.

이튿날 양은 죽어 있었다. 그리고 그 아이는 영원히 집에 돌아가지 않았다.

상상해 보라. 자신이 가장 아끼던 친구를 죽일 때 아이의 마음은 얼마나 아팠겠는가? 부모의 폭력과 강압적인 태도는 아이의 마음을 그늘지게 하고, 폭력적으로 변하게 만든다.

---

❶ip 독일 독서 재단이 발표한 독서를 해야 하는 열 가지 이유

1 상상력과 창의력이 자란다.

2 표현력이 더 좋아지고 공부도 더 잘한다.

3 직장에서 더 출세한다.

4 다른 사람보다 아는 것이 많아지고 정보에 접근하는 방법을 잘 알게 된다.

5 원하는 정보를 잘 골라내기 때문에 텔레비전을 봐도 더 많은 것을 배운다.

6 여가 시간을 적극적으로 활용하여 의미 있는 취미 생활을 즐길 수 있다.

7 문제와 위기 상황에 잘 대처한다.

8 다른 사람의 경험을 통해 인생의 지평을 넓힐 수 있다.

9 독자적인 생각을 키울 수 있다.

10 문화생활을 더 잘 누린다.

칭찬의 수위를
조절한다

나는 칼이 어려운 과제를 성공적으로 해결했을 때는 칭찬했지만 그렇다고 칭찬을 남발하지는 않았다. 자칫 거만해질 수 있었기 때문이다. 나는 칼이 좋은 성적을 받아도 "잘했어."라고 가볍게 한마디 했고, 착한 일을 해도 "잘했구나. 하느님도 기뻐하실 거야."라고만 말했다.

칼이 특별히 장한 일을 했을 때는 입맞춤을 해줬는데, 자주 있는 일은 아니었다. 그렇게 한 이유는 칭찬의 수위를 높이기보다는 칼이 '선행 자체에서 기쁨을 얻고, 이를 통해 하느님의 은총'을 알게 하기 위해서였다. 특히 내가 경계한 것은 자만에 빠지는 것이었다. 칼이 물리와 화학에 뛰어난 실력을 보였지만 자만할까 봐 따로 격려나 칭찬을 해주지 않았다.

많은 부모가 별생각 없이 자식의 재능을 칭찬한다. 그런데 자칫 잘못하면 아이가 기고만장해져서 오히려 잠재력이 소멸할 수 있다. 이른바 신동이라 불리는 아이들의 재능은 대체로 '일시적인 병적 상태'라서 그것이 오래가지 않는다. 예를 들어 열 살 때 신동이라 불렸던 아이가 성인이 되면서 평범한 능력을 가진 사람으로 머무는 것을 자주 봐왔다. 그들이 선천적으로 재능을 타고났다고 해도 훌륭한 인물로 성장하지 못한 이유는 가슴 한복판에 오만함과 자만심이 자리 잡고 있기 때문이다.

라이언은 재능을 타고난 축복받은 아이였다. 사람들은 어린 라이언을 천재라고 추어올리며 커서 훌륭한 음악가가 될 것이라고 말하곤 했다. 그가 세 살 때 음악적 천재성을 보이자 라이언의 부모는 실력 있는 음악 교사를 초빙했다. 그는 대여섯 살 때 기초 음악 이론을 끝내고, 다양한 악기 연주법을 배웠다. 특히 피아노와 바이올린 연주 솜씨가 뛰어나 개인 연주회를 열기까지 했다.

그러자 사람들은 역사적인 음악가가 탄생했다며 라이언을 '음악 신동'이라고 칭송했다. 라이언은 주변 사람들의 찬사를 귀가 닳도록 들으며 성장했다.

그러던 어느 날, 음악 교사가 라이언의 연주를 들은 뒤 연주 솜씨는 뛰어나지만, 작품이 가진 고유의 특징을 제대로 전달하지 못했다고 지적했다. 그러자 라이언은 처음에는 부끄러워 어쩔 줄 모르다가 돌연 화를 내며 교사의 지적을 반박했다.

교사는 라이언을 이해시키기 위해 시범을 보였는데, 하필 그때 실수를 하고 말았다.

"선생님이 틀리시면 어떡해요. 그러고도 절 가르칠 수 있다는 건가요?"

라이언의 말에는 분명 조롱기가 섞여 있었다. 음악 교사는 라이언의 재능을 높이 샀으나 순간적인 분노를 참지 못하고 결국 더 이상 라이언을 지도하지 않겠다고 선언했다. 교사가 떠난 뒤 라이언은 더욱 기고만장해져서 대가의 작품을 자기만의 방식으로 연주한다며 어설픈 기교를 부렸다. 그러고는 백 년에 한 명 나올까 말까 한 음악 신동인 자신을 지도할 수 있는 교사는 세상에 단 한 명도 없다며 새로운 교사에게 배우기를 거절했다. 몇 년 후에 라이언은 술주정뱅이가 되어 음악계에서 완전히 버림을 받았다는 소문을 들었다.

위대한 예술가가 살아생전 실력을 인정받지 못한 경우는 흔하다. 하지만 라이언은 그런 경우와 달랐다. 신동으로 세상을 놀라게 했던 그는 뛰어난 실력은커녕 보통 수준의 실력도 발휘하지 못했다. 게다가 지나친 음주로 청력과 손가락 신경이 훼손되어 결국 기본적인 연주도 할 수 없는 지경에 이르렀다.

나는 칼이 라이언의 전철을 밟을까 봐 걱정스러웠다. 그래서 칼이 거만해지는 것을 막기 위해 얼마나 애썼는지 모른다.

칼이 성장하자 주변 사람들에게 절대 칼 앞에서 칭찬하지 말 것을 부탁했다(물론 유아 시절에는 칭찬을 자주 해줬다). 우리 집을 방문한 사람들이 자신도 모르게 칼을 칭찬하려고 하면 얼른 칼을 밖으로 내보냈다. 나의 부탁에도 눈치 없이 칼을 칭찬할 경우 다시는 우리 집을 방문하지 못하게 했다.

진짜 칭찬은 장황한 말을 늘어놓는 게 아니다. 칭찬하고 싶은 사람에게 애정 어린 눈빛을 보내며 손을 꼭 잡아 주거나 진심을 담아 한두 마디 격려하는 것으로 끝내야 한다.

나는 칼에게 말했다.

"폭넓은 지식을 쌓으면 사람들에게 존경받고, 선행을 하면 하느님의 은총을 받는단다. 하지만 사람들의 칭찬을 좋아해서는 안 돼. 사람의 마음은 예측할 수 없어서 눈앞에서 칭찬을 하다가도 한순간에 미워할 수가 있거든. 그러니 사람들의 칭찬에 너무 미혹되지 마라. 그리고 칭찬을 받고 싶다면 모함받을 준비도 되어 있어야 해."

세상에서 가장 어리석은 사람이 남의 평가에 좌우되는 사람이다. 우리 주변에는 듣기 좋으라고 늘어놓는 사탕발림의 칭찬에 혹해서 어리석은 짓을 저지르는 사람들이 얼마나 많은가?

공부하는 목적을
정확히 알게 한다

어느 날, 칼이 멍하니 앉아 있었다.

그래서 내가 물었다.

"대체 왜 그러니? 무슨 문제가 있는 거야?"

"아빠, 갑자기 이토록 많은 지식을 배워서 뭘 하나 하는 생각이 들어서요. 목공소 일을 배우면 가구와 집을 지을 수 있고, 대장장이 일을 배우면 농기구를 만들 수 있지만, 언어와 시는 배워서 어디다 써요?"

"칼, 그런 질문을 하다니 정말 기쁘구나. 이런 질문을 한다는 것 자체가 스스로 생각한다는 뜻이니까."

나는 먼저 칼의 질문을 긍정적으로 받아들인다는 의사를 밝힌 뒤 의문점을 풀어주었다.

"칼, 아는 건 힘이야. 네가 열심히 공부하지 않았다면 나무가 건축 재료로 쓰인다는 걸 어떻게 알았겠니? 또 수학을 공부하지 않았으면 집을 짓는 데 얼마만큼의 건축 자재가 필요하고, 이상적인 설계 도면을 그리려면 어떤 절차를 밟아야 하는지 몰랐을걸. 미술도 그래. 네가 미술을 공부하지 않으면 아름다운 집을 구상할 수가 없어. 어떤 것도 배우지 않고 나무만 쳐다보고 있으면 집이 완성될 것 같아? 나무만 쳐다보다가 결국 나무가 되고 말걸?"

내 말을 듣고 칼은 피식 웃었다.

"대장장이가 되려면 물리학이 필요해. 만약 대장장이가 철을 벌겋게 달구고 난 뒤에 다시 망치로 두드려서 모양을 만들어야 한다는 걸 모르면 급한 마음에 어금니로 철을 물어뜯을지도 모르니까. 그럼 어떻게 되겠니?"

나는 어금니로 철을 물어뜯는 시늉을 했다.

"어금니가 부러져요."

칼은 킬킬거리며 웃었다.

"문학, 미술, 음악, 철학은 인류 지혜의 결정체야. 독서를 통해 우리는 주체적으로 생각할 수 있는 힘을 기르고, 그림을 감상함으로써 우리의 삶이 얼마나 다양한 형태로 표현되는지 알 수 있어. 또한 음악을 통해 영적 아름다움을 체험할 수 있고, 철학을 공부함으로써 '나'라는 존재가 무엇이며 어떻게 살아가는 것이 가치 있는 삶인지 알게 돼. 내가 네게 다양한 언어를 가르치는 것은 너를 외교관이나 번역가로 만들기 위해서가 아니라 다른 나라의 역사와 문화, 문학을 이해할 수 있도록 하기 위해서야. 너는 단테를 좋아하는데, 이탈리아어를 모르면 그가 쓴 『신곡』을 완벽하게 이해할 수 없어. 문학은 작가가 사용한 원문으로 읽어야 참다운 묘미를 느낄 수 있거든. 더욱이 넌 공부할 때 즐겁고 행복하다고 했잖아. 세상에서 즐겁고 행복한 것보다 더 좋은 게 있을까?"

여기까지 들은 칼은 얼굴이 환해졌다.

나는 칼에게 엄격한 아버지였지만 아이라는 이유로 함부로 대한 적은 없다. 어떤 부모는 자녀를 엄격하다 못해 가혹하게 대하는 사람도 있다. 그런 부모 밑에서 자란 아이는 수줍음이 많거나 겁쟁이가 될 가능성이 크다.

어떤 부모는 자식을 위해서라면 돈을 아낌없이 쓴다. 하지만 돈으로 살 수 없는 것이 있다. 바로 아이의 자존감이다.

아이에게 자존감을 심어주는 방법을 모르는 부모는 자녀를 신뢰하지 않는다. 부모에게 존중받지 못한 아이는 자존감이 낮아 스스로 어떤 결정도 내리지 못하는 무능한 사람이 되고 만다.

우리 가족은 칼이 어렸을 때부터 어른을 대하듯 인격적으로 대했다. 식사할 때면 음식의 맛에 대해 함께 이야기하거나 그날 일어났던 일을 주제로 자유롭게 대화를 나눴다. 우리 가족의 식사시간은 이른바 '규율'과는 거리가 멀었다. 물론 식사 시간의 대화가 지나치게 활기를 띠면 그릇을 엎는 성가신 일이 종종 발생할

119

수 있지만 식사 분위기가 지나치게 조용한 것보다는 낫다고 생각한다.

어떤 부모는 식탁에서 가족과의 대화를 완전히 차단한 채 허리를 꼿꼿하게 세우고 식사를 하게 하는가 하면, 어떤 부모는 아이의 단점을 쭉 나열하며 사기를 저하시키기도 한다. 부모의 이런 행동은 아이에게 식사하는 즐거움은 고사하고 자신을 쓸모없는 존재로 여기게 한다.

아이들은 가끔 논리적으로 이해할 수 없는 말이나 행동을 하기도 한다. 따라서 아이의 질문이 아무리 우스꽝스럽다고 할지라도 절대 비웃어서는 안 된다. 대신 인내심을 갖고 올바르게 판단하도록 이끌어야 한다.

많은 부모가 저지르는 실수 중 하나가 아이의 결정권을 낚아채는 것이다. 아이가 결정권을 잃게 되면 자신감을 잃는다. 부모들 중에는 자녀가 말을 잘 안 들으면 귀신 이야기로 겁을 주기도 하는데, 이런 방식은 자칫 아이들을 소심하게 만들 수 있다. 나는 칼에게 신화를 들려줄 때 신화는 사람이 만들어낸 이야기라는 점을 분명히 밝힌다.

가정은 아이의 행복한 보금자리이다. 따라서 부모는 어린 동심을 이용해 짓궂은 장난을 쳐서는 안 된다.

대장부 vs 졸장부

한 사람의 성격은 그 사람의 성공을 결정짓는 바로미터이다. 솔직하고 유쾌한 성격을 지닌 사람은 어디에서나 인기가 있다. 그런 사람은 교제 범위가 넓어 다양한 분야에서 일하는 훌륭한 인재를 만날 확률이 높다. 나는 칼의 지능 개발 못지않게 바람직한 성격 형성에도 신경을 썼다.

인간의 성격은 일정 부분 타고나기도 하지만 후천적인 영향도 무시할 수 없다. 따라서 유년기의 생활 습관은 한 사람의 성격을 결정짓는 데 지대한 영향을 미친다. 나는 칼이 좋은 성격을 갖도록 하기 위해 사소한 행동도 섬세하게 관찰했다. 또한 불쾌한 일이 마음의 무게로 남지 않도록 신경을 썼다.

어느 날 칼이 정원에 멍하니 앉아 있는 것을 보고 물었다.

"칼, 무슨 일이 있는 거야?"

칼은 아무 말도 하지 않았다.

"칼, 아빠는 너를 정말 사랑한단다. 아무리 힘든 일이라도 아빠는 해결해 줄 수 있어. 자, 무슨 일인지 말해 줄래?"

칼은 한참을 그 자리에 앉아 있더니 드디어 입을 열었다.

"아빠, 난 사내대장부가 아닌 것 같아요."

"왜 그렇게 생각하는 거지?"

"건터 형이 저더러 사내자식이 계집애 같다고 놀렸어요. 형은 근육 자랑을 하면서 자기야말로 진짜 사내대장부래요."

칼은 자라면서 병치레를 한 적은 없지만, 근육이 발달한 아이는 아니었다. 나는 칼에게 진짜 대장부의 의미를 설명했다.

"근육이 단단하다고 다 사내대장부는 아니야. 진정한 사내대장부는 지혜롭고 의지력이 강하고, 고난과 좌절을 이겨내는 용기를 지닌 사람을 말해. 내가 보기에 너는 근육은 없지만 용감하고 건강해. 너도 꾸준히 운동을 하면 몇 년 뒤에는 건터 형보다 더 멋진 근육을 가질 수 있어. 그리고 형이 말한 걸 가지고 크게 신경 쓸 필요는 없어. 사내대장부에게 진짜 중요한 것은 논리적 사고 능력이야. 논리적 사고 능력이 있으면 타인의 관점에 쉽게 휘둘리지 않아."

내 말에 칼은 뭔가 깨달은 듯 금세 예전의 자신감을 되찾았다.

말은 잘하지만 자기 자신을 통제하는 능력이 부족해 주변 사람에게 제대로 된 평가를 받지 못하는 사람이 있다. 이런 사람들은 대부분 어린 시절 올바른 가정교육을 받지 못한 경우가 흔하다.

나는 아이들이 길거리에서 욕을 하거나 패싸움을 하는 장면을 종종 목격한다. 처음에는 장난스럽게 시작한 아이들의 싸움이 돌이킬 수 없는 상황을 초래하는 경우를 많이 보았다.

칼이 같이 어울려 다니는 아이 중에도 폭력적인 성향을 띤 아이들이 있어 그들과 어울리지 못하게 했다. 그 아이들은 본성이 착하더라도 부모에게 올바른 가정교육을 받지 못해 무책임한 행동을 저지를 수 있었기 때문이다.

그 무리들 중에 앤디라는 사내아이가 있었다. 힘이 센 데다 권위적인 앤디는 늘 자신보다 약한 아이들을 데리고 전쟁놀이를 즐겼다. 그는 영웅 기질이 있어 자신의 '부대원'(물론 칼도 포함되어 있었다.)를 잘 관리했다.

어느 날 앤디는 비슷한 패거리들에게 보복을 당했다. 앤디를 노리고 있던 패거리들이 마차를 끄는 말의 뒷다리를 걸어차는 바람에 세워져 있던 마차가 뒤로 미끄러지면서 앤디를 친 것이다. 그때 아무것도 모르고 서 있던 앤디는 마차에 부딪혀 다리에 큰 부상을 입었다.

"앤디는 영웅이에요."

칼은 그 사건에 대해 이야기하면서 말했다. 칼의 눈에는 앤디에 대한 존경심으로 가득 차 있었다.

"왜 앤디가 영웅이라는 거지?"

"용감하니까요."

"앤디의 행동은 절대 영웅적이라고 볼 수 없어. 말의 뒷다리를 걷어찬 아이는 더 말할 것도 없고."

"앤디의 행동이 왜 용감하지 않다는 거예요?"

동네 건달을 영웅이라고 하다니, 아이들이란 얼마나 천진난만한가? 나는 이 기회에 칼에게 무엇이 허구이고, 무엇이 진실인지, 또 무엇이 옳은지 그른지에 대해 확실하게 알려줬다.

"칼, 네가 영웅을 좋아하는 것은 이해해. 하지만 영웅은 함부로 사람을 때리거나 죽이지는 않는단다."

나는 칼의 머리를 쓰다듬으며 설명했다.

"친구들끼리 왜 진짜로 때리니? 그런 짓을 하면 친구가 진짜 적이 될 수도 있어."

"하지만 앤디는 정말 씩씩하고 용감해요."

칼은 여전히 내 말을 이해하지 못하는 듯했다.

"앤디가 용감하고 똑똑하다는 건 알아. 하지만 늘 그렇게 사람을 때리는 전쟁놀이를 하는 건 잘못된 일이야. 오늘은 다리를 다치는 것으로 끝났지만 내일은 눈을 다쳐서 시력을 잃게 될지 모르고, 모레는 팔이 부러질지도 몰라. 칼, 놀이는 그저 놀이일 뿐이야. 진짜 영웅은 전쟁터에서만 용감하게 싸워."

"알았어요, 아버지."

나는 칼에게 친구들과 싸우지 말라고 당부했다. 싸움의 결과는 신체의 부상으로 끝나는 게 아니라 마음에 상처를 남길 수도 있기 때문이다. 마음에 원한이 쌓인 아이는 부모를 학대할 가능성이 높고, 폭력적인 성향을 띠게 되어 불운한 삶을 살 수도 있다.

옳고 그름의 판단력이 부족한 아이들은 생각 없이 싸움판에 뛰어들어 패싸움을 한다. 독서의 기쁨을 알기 전에 싸움이 주는 쾌감을 알아버리는 바람에 폭력적이 되는 것이다.

❶ip 남자가 된다는 것과 여자가 된다는 것

수많은 교사와 부모는 학교에서의 성의 역할이 예나 지금이나 별로 변한 게 없다며 탄식한다. 여자아이들은 아직도 과제물보다는 외모에 더 신경 쓰고, 남자아이들은 이성에게 강한 인상을 주기 위해 자신을 과시하고 어리석은 허세와 반사회적인 행동으로 또래 아이들을 누른다. 성 역할에 대한 아이들의 사회화는 어떤 점에서 인류가 수렵 채집 생활을 하던 시점부터 길들여져 온 것이 틀림없다.

남자가 된다는 것 혹은 여자가 된다는 것이 무엇을 의미하는지 배우기 위해 아이는 부모뿐만 아니라 더 넓은 문화, 특히 또래들을 보고 참고한다. 유년기에 막 접어들었다는 것은 자신과 동일한 성으로 구성된 집단과 함께 대부분의 시간을 보내게 되는 것을 의미한다. 동일한 성으로 이루어진 집단 안에서 그들은 남자로 혹은 여자로 살아가는 법칙을 터득한다.

나와 친구

아이들은 천성적으로 놀이를 좋아한다. 하지만 아이에게 어떤 놀이가 유익한지 아는 사람은 그리 많지 않다. 문제는 아무 생각 없이 맹목적으로 놀기만 하면 잠재력을 개발할 수 있는 적기를 놓칠 수 있다는 사실이다.

대부분의 놀이는 일상생활을 모티브로 만들어진 것이 많으므로, 아이는 놀이를 통해 생활을 개선하고 창의력을 높일 수 있다. 따라서 아이들이 놀이를 할 때 부모가 통제해서는 안 된다.

아이들은 즐겁게 노는 사이 대뇌 활동이 활발해지면서 적극적인 성격이 된다. 따라서 상상력과 창의력을 키우는 데 놀이만 한 것이 없다.

게다가 놀이는 신체의 움직임이 필요하므로 아이들이 노는 동안 체력을 기를 수 있는 것은 물론이고 정서적인 안정에 도움을 주므로 정신 건강을 위해서도 좋다.

특히 역할놀이를 하는 것은 타인의 마음을 이해하는 데 도움이 된다.

놀이는 연령대에 따라 방법이 달라져야 한다. 무엇보다 재미있고 유익해야 놀이를 통해 지능과 창의력을 키울 수 있기 때문이다.

그러나 놀이 친구를 선택할 때는 신중해야 한다. 이미 성장한 어른조차 가까운 사람의 부정적인 영향을 받을 수 있는데 아이들은 오죽하겠는가? 그래서 나는 칼이 건전하지 못한 친구들과 어울리는 것을 경계했다.

내 친구인 울프 목사의 아들 윌리엄은 학습 능력이 뛰어나 여러 교과 과목에서 좋은 성적을 거두었다. 울프 목사는 머리가 좋고 행실도 반듯한 아들에게 불량 학생들과 어울리며 선도를 하라고 했다. 하지만 이것은 그야말로 아름다운 꿈에 불과했다. 이 똑똑한 울프 목사의 아들이 불량 학생을 선도한다며 자주 만나더니 그들의 나쁜 습관을 고스란히 배운 것이다. 결국 울프 목사는 자신의 생각이 부족했음을 인정하고 아들에게 불량 학생들과 더 이상 어울리지 못하게 했다.

사람들은 아이들이 혼자 놀면 이기적인 아이가 되거나 사회성이 부족한 아이로 성장할 것이라고 생각하지만 그와 반대일 수 있다. 친구 사이에는 상호 간에 영향을 주고받을 수밖에 없다. 따라서 위선적이고 교활한 친구를 만나면 나쁜 영향을 받기 쉽다.

가장 좋은 방법은 친구를 신중하게 선택해 어울리게 하는 것이다. 그럴 경우 관계에서 오는 불필요한 감정 소모를 줄일 수 있어 평온한 마음으로 공부에 전념할 수 있다.

어린 나이에 대학에 다닌 칼은 형뻘인 친구들과 어울리면서도 한 번도 어려움을 겪은 일이 없었다.

❶ip 친구는 아이들에게 날개를 달아준다

친구가 있으면 세상을 보는 시각이 넓어지고 원하는 것을 시도해 볼 수 있는 용기가 생긴다. 친한 친구는 자신을 있는 그대로 받아들이며, 부모님이 인정하지 않거나 심지어 이해하지 못하는 개성을 참아주고, 때로는 좋아해 주기까지 한다.

가족이 텔레비전 시청을 좋아하는데 자기만 독서를 즐긴다면 그는 책벌레 친구의 집이 자기 집보다 더 편안하게 느껴질 것이다. 지적인 학자 집안 출신의 유일한 운동선수는 자기 부모가 운동 시합에 아무런 관심이 없는 데 반해 친구의 부모가 자신에게 환호를 보내줄 때 운동선수로서의 자기를 더 인정해 주는 친구의 집을 찾게 된다.

따라서 우정은 아이들에게 다양한 사회 규범을 보여준다. 아이가 친구의 집으로 들어서는 순간 색다른 문화, 새로운 행동 양식에 노출되는 것이다. 자기가 신뢰하는 친구의 집에서 특별한 시간을 보내면서 아이는 전혀 다른 세상을 경험하는 기회를 얻는다.

· · ·

아이의 마음은 기묘한 땅이라서 사상이 씨를 뿌리면 행동이 수확하고,
행동이 씨를 뿌리면 습관이 수확하며, 습관이 씨를 뿌리면 인격이 수확하고,
인격이 씨를 뿌리면 운명이 거둬들인다.

Chapter 4

격려의 비밀

친구에게
격려를!

사람과의 관계에서 격려만큼 중요한 것은 없다. 칼은 친구인 앨런 웰츠와의 관계를 통해 격려의 원리를 깨우쳤다.

앨런 웰츠는 칼보다 나이가 조금 많았다.

한번은 칼이 나무토막으로 성을 쌓는 놀이를 했는데, 성을 쌓는 일이 쉽지 않자 웰츠에게 도와 달라고 부탁했다. 하지만 웰츠는 행동이 굼뜬 데다가 무슨 일을 제대로 해내는 법이 없었다. 결국 웰츠는 칼이 애써 만들어놓은 골조를 무너뜨리는 실수를 하고 말았다.

"바보같이 내가 애써 세운 골조를 무너뜨렸잖아."

그러자 마음이 상한 웰츠는 더 이상 칼의 성을 쌓는 일을 도우려 하지 않았고, 칼이 만들던 성은 한동안 방치된 채 있었다.

나는 식사를 하면서 칼에게 사람은 누군가에게 질책을 당하면 도움을 주고 싶은 마음이 사라져버리니 좋은 말로 격려해 보라고 조언했다.

"웰츠가 행동이 굼뜨긴 하지만 널 도우려 했으니까 네가 마땅히 격려해 줘야지."

"격려한다고 달라지나요?"

"웰츠가 실수한 건 자신감을 잃었기 때문이야. 웰츠를 찾아가서 화해하고 용기를 줘. 그러면 분명히 잘할 거야. 네가 지금처럼 똑똑해진 것도 엄마, 아빠가 너를 격려해 줬기 때문이란다."

칼은 내 말을 별로 믿지 않는 눈치였다.

하지만 이튿날 칼은 웰츠를 만나 지난 일을 사과하고 다시는 화내지 않겠다고 약속했다. 그리고 "네가 도와줘서 힘이 되었어."라는 말을 덧붙여 고마움을 전했다.

그러자 웰츠는 자신감을 얻어 더는 실수를 하지 않았고, 손놀림도 빨라졌다. 웰츠가 집으로 돌아간 뒤 칼이 말했다.

"격려로 사람의 마음을 바꿀 수 있다는 게 신기해요. 제가 격려한 뒤부터 웰츠는 정말 잘했어요."

"칼, 사람은 누구나 남에게 존중받고 싶어 해. 그러니 너도 친구들을 존중하고 격려해 주는 게 좋아. 그러면 그들은 기꺼이 너를 도울 거야."

그날 이후 칼은 진심으로 타인을 존중하는 습관이 생겼다.

진심 어린 격려는
자신감을 갖게 한다

"내 아들, 너는 정말 똑똑해."

내가 칼에게 자주 했던 격려의 말이다. 칼은 이 말을 정말 좋아한다. 칼은 특히 똑똑하다는 말에 힘을 얻어 더욱더 인내하고 노력했다.

사람은 누구나 크고 작은 실패를 경험한다. 아이 역시 마찬가지다. 나는 칼이 어려움에 맞닥뜨릴 때마다 마음을 다해 격려해 주었다. 그리고 속상해하거나 자신감을 잃었을 때 해준 말이 있다.

"넌 할 수 있어."

성장하는 아이에게 칭찬과 격려는 필수이다. 잘한 일은 반드시 칭찬해 주고, 실수했을 때는 누구나 겪는 일이라며 격려해 준다면 어떤 힘든 일이라도 견뎌낼 수 있다. 만약 칼에게 자신감을 북돋아주지 않았다면 어떻게 되었을까? 아마 지금의 성공을 이루어내지 못했을 것이다.

칼이 처음 글쓰기를 할 때였다. 처음 쓴 글을 내게 건네는 칼의 눈빛은 중요한 경기에서 심판관을 바라보는 운동선수의 눈빛처럼 초조하게 흔들렸다. 칼의 글은 주제가 명확하게 드러나지 않았고, 문맥도 일관성이 없었다.

그러나 나는 시간을 끌며 답을 피했다. 글쓰기에 자신이 없는 칼에게 사실대로 "형편없다."라고 말하면 아이는 좌절할 것이 뻔했다. 내가 한동안 입을 다물고 있자 칼이 실망한 눈치를 보이기에 이렇게 말했다.

"칼, 어린 나이에 이렇게 글 한 편을 완성했다는 것은 정말 대단한 일이야. 아버지가 처음 쓴 글은 정말 엉망이었어."

예상치 못한 칭찬을 들은 칼은 활력을 되찾았다. 며칠 후 칼이 두 번째 쓴 글을 보여주었는데, 처음 쓴 글보다 훨씬 나았다.

어른이건 아이건 자신감을 잃으면 어떤 일도 해낼 수 없다. 자신감이란 한마디로 '자신을 믿는 것'이다.

칼이 여섯 살 무렵이었다. 나는 칼이 노래에 재능이 있다는 것을 발견하고 교회 성가대의 지휘자에게 추천했다. 지휘자는 흔쾌히 칼을 지도하겠다고 약속했다. 나는 평소대로 칼의 의향을 물었다.

"칼, 노래를 불러볼래?"

나는 칼이 흔쾌히 노래를 부르겠다고 할 줄 알았는데, 내 예상과 달랐다. 칼은 노래를 부르고 싶지만, 공부에 방해가 될 것 같다면서 거절했다. 나는 칼이 자신감이 부족해서 그런 것이라고 짐작하고 계속 칼을 설득했다.

한참 후 칼은 성가대원이 되고 싶다고 대답했다. 성가대에 들어가려면 반드시 테스트를 받아야 했다. 성가대 지휘자는 일요일 오후에 칼을 테스트하자고 말했다.

그날, 교회에는 사람들로 유난히 붐볐다. 그런데 칼은 반주가 시작되었는데도 노래를 부르려고 하지 않았다. 당황한 나는 잠시 반주를 멈춰 달라고 부탁했다. 그런 뒤 칼을 한쪽으로 데리고 가서 진심 어린 마음으로 격려했다.

"칼, 지휘자 선생님이 왜 굳이 일요일에 널 테스트하겠다고 했는지 아니? 네가 노래를 잘하는 걸 알고 일부러 많은 사람에게 들려주려는 거였어. 선생님은 네가 성가대에 들어오면 교회 성가대의 실력이 한 단계 높아질 거라고 몇 번이나 이야기했어."

칼은 내 말에 용기를 얻은 듯했다. 다시 테스트가 시작되었다. 이번에는 흘러나오는 반주에 맞춰 멋지게 노래를 불렀다. 나의 격려가 칼을 다른 사람으로 변화시킨 것이다.

많은 부모가 아이의 행동을 성인인 자신의 눈높이로 바라보기 때문에 이런저런 잔소리를 늘어놓는다. 하지만 대부분의 아이들은 예민하고 자존심이 강해서 부모의 사소한 말 한마디에 크나큰 상처를 받는다. 부모가 사랑으로 대하면 힘든 일도 견딜 수 있지만, 혼낸 뒤 방치하면 심각한 상처로 남는다.

나는 칼이 좋은 성과를 거두면 칭찬하여 더욱 분발하도록 했고, 보통의 성과를 보이면 보완할 점을 이야기해 준 뒤 따뜻한 격려의 말을 잊지 않았다. 또한 결과가 만족스럽지 못할 때는 사소한 장점이라도 찾아서 칭찬해 주었고, 문제점이 있으면 함께 고민하며 개선해 나가도록 도왔다.

사람은 누구나 자신이 가진 능력을 뽐내고 싶어 하고 부끄러운 점은 숨기려고 한다. 그리고 칭찬을 받으면 기분이 좋아져서 그 기억이 오랫동안 가슴에 남는다. 가슴에 남는 좋은 기억은 새로운 일에 도전할 때 보이지 않는 힘으로 작용하여 앞으로 나아가게 하는 원동력이 된다. 그래서 칭찬과 격려가 필요한 것이다.

우리는 살아가면서 끊임없이 성공과 실패를 경험한다. 냉정하게 말하자면 성공할 확률보다 실패할 확률이 더 높다. 하지만 끊임없이 도전하고 고난을 겪는 동안 발전해 나가는 것이다. 따라서 부모는 아이가 실패했을 때 격려의 말을 잊지 말아야 한다.

부모가 절대 해서는 안 되는 말이 "나는 네가 실패할 줄 알았어." 이다. 자녀를 진정으로 사랑하는 부모라면 서둘러 자녀가 실패의 후유증에서 벗어나도록 도와줘야 한다.

사람은 누구나 실패할 수 있다. 따라서 행복한 삶을 영위하려면 실패를 담담하게 받아들일 준비가 되어 있어야 한다. 어떤 아이들은 한번 실패를 겪으면 심리적으로 크게 위축된다. 이때 부모가 격려 대신 '바보', '멍청이'라고 질책한다면 아이는 실패의 그늘에서 영영 헤어나기 힘들 것이다.

어느 날, 마을에서 활쏘기 대회가 열렸다. 대부분의 아이들은 처음 활을 쏘았지만 대단한 실력을 자랑했다.

그런데 지금껏 뛰어난 학습 능력을 보여 늘 사람들의 칭찬을 독차지하며 자랐던 칼은 활의 시위를 조절하는 법을 몰라 기대 이하의 실력을 보였다. 활쏘기 대회가 한창 무르익어갈 무렵 나는 칼을 한쪽으로 불렀다.

"힘들지?"

"꼴찌를 할 것 같아요."

칼이 고개를 푹 수그리며 말했다.

"두려워요. 저는 바보인가 봐요."

"꼴찌를 하는 것이 두려워?"

"네."

"그건 네가 바보라서가 아니라 승부욕이 너무 강해서 그런 거야. 공부를 잘하니 활쏘기도 잘해야 한다는 강박관념이 있는 거야. 이렇게 긴장하면 과녁을 맞히기가 더 힘들어져. 이건 그냥 노는 거니까 마음 편하게 해봐."

그제야 칼의 얼굴에 화색이 돌았다. 한결 편안해진 마음으로 경기장에 들어선 칼은 연속해서 과녁의 한가운데를 맞혔다. 칼의 활쓰기 솜씨가 좋아진 이유는 "승부와 관계없다."는 나의 격려 때문이 아니었을까?

실패는 두려워할 것이 못 된다. 실패를 두려워하면 어떤 일에도 흥미를 잃게 되어 도전이 힘들어진다.

나는 칼이 원칙에서 벗어나지 않고, 남에게 해를 끼치지 않는 범위 내에서 무슨 일을 하건 격려했다.

어려움 속에서도 실패를 두려워하지 않는 용기, 남들보다 앞서 겠다는 열정이 있다면 반드시 원하는 목표를 이룰 수 있다.

격려와 실패를
대하는 자세

칼의 행동을 눈여겨보았더니 착한 행동을 칭찬했을 때 더욱 열심히 노력한다는 사실을 알았다. 대부분의 부모는 아이들이 착하게 행동하는 것을 당연하게 생각하고 제때 격려하지 않는다. 그러면 착한 행동을 한 후의 인상이 흐릿해져 일회성으로 그칠 수 있다.

반대로 아이가 싸움을 하거나 돈을 함부로 사용하고, 도둑질을 하거나 거짓말을 하는 등 나쁜 행동을 했을 때 무섭게 꾸짖어야 다시는 같은 행동을 되풀이하지 않을 것이라고 생각한다. 그러나 알고 보면 아이들의 이런 행동은 대부분 부모의 관심을 끌기 위해서인 경우가 많다.

따라서 부모는 아이가 설령 잘못했더라도 심하게 질책하지 말아야 한다. 아이가 늘 잘못을 저지르는 것은 아니기 때문이다. 중요한 것은 착한 행동을 했을 때 긍정성을 더욱 강화해 주는 것이다. 그리고 추상적인 선을 실현하도록 북돋기보다 구체적인 악을 제거하기 위해 노력해야 한다.

여기에서 추상적인 선이라는 것은 "친구들과 사이좋게 지내겠다.", "늘 감사하는 마음으로 살겠다." 등과 같은 막연한 선을 말한다. 구체적인 악을 제거한다는 것은 "다시는 담벼락에 동물을 그리지 않겠다.", "반찬 투정을 하지 않겠다.", "외출 후에는 반드시 손을 씻겠다." 등 잘못된 행동을 하지 않겠다는 의미이다.

나는 어린 칼을 격려해 줄 때는 입맞춤을 하거나 과자를 주었다. 착한 행동을 했을 때 보상과 함께 분명하게 칭찬을 받으면 그것이 좋은 기억으로 남아 반복되다가 드디어 습관이 되기 때문이다.

아이를 칭찬할 때는 '어떤 점이 칭찬받을 만한 행동'인지 정확하게 말해 주어야 한다. 칼이 처음 배우는 수학 문제를 능숙하게 풀었을 때 칭찬했고, 그것이 익숙해진 뒤에도 가끔 칭찬해서 칼의 학습 능력을 강화했다.

"칼, 네가 오늘 친구에게 과자 나눠주는 걸 봤어. 네가 그토록 좋아하는 과자를 친구에게 나눠주다니, 정말 멋졌어."

"뭘요."

칼이 얼굴을 붉히며 말했다.

또한 그날 처음 배운 이차방정식을 싫증 내지 않고 푸는 걸 보고 칼을 칭찬해 주었다.

"이차방정식 어렵지 않았어?"

"처음이라 조금 어렵긴 했지만 재미있었어요."

칼은 기분 좋게 웃었다.

아이가 사소한 잘못을 저질렀다고 해도 무조건 질책하지 말고, 아이의 행동 가운데 장점을 발견해 마음을 풀어주어야 한다. 특히 개성이 강하고 에너지가 넘치는 아이들은 거친 행동을 보일 수 있다. 어른의 말을 잘 듣게 만드는 최고의 비결은 칭찬이라는 사실을 잊지 말자.

❶ip 좋은 칭찬의 구성 요소

연구 결과에 따르면 좋은 칭찬은 행동을 개선시킬 가능성을 높여준다. 따라서 좋은 칭찬은 다음 구성 요소를 포함해야 한다.

열정적인 말로 칭찬해 주어야 한다. 예컨대 몹시 기쁜 목소리로 "대단한데!", "정말 멋지다!" 등의 말을 해준다. 아이의 행동이 마음에 들었다면 구체적으로 정확히 말해준다. 예를 들어 "신발 정리를 정말 잘했구나!" 등이 여기에 속한다.

말을 할 때는 어깨나 머리를 다독여주는 스킨십, 포옹, 하이파이브, 미소, 엄지손가락 치켜들기, 오케이 사인 등 비언어적인 보상을 같이 해 주는 것도 좋다.

위의 요소 외에 효과적인 칭찬을 위해 깊이 새겨야 할 세 가지 조건이 있다.

• **조건부로 하라**: 원하는 행동을 했을 때 칭찬을 해야 둘 사이의 연관성이 강해진다.

• **즉시 하라**: 칭찬받을 만한 행동을 하면 곧바로 칭찬을 해줘야 한다.

• **자주 하라**: 칭찬할 수 있는 기회를 가능한 한 많이 찾아내고 자주 해야 한다.

행동 기록장을 통해
격려하기

　나는 칼의 행동 기록장을 만들어 칼이 좋은 일을 할 때마다 기록해 칼의 선행을 격려했다. 어린 시절 칼은 자신의 선행이 행동 기록장에 기록되는 것이 기뻐서 행복한 얼굴로 행동 기록장을 살피곤 했다. 칼은 행동 기록장을 통해 잘못을 반성하는 습관을 길렀는데, 이런 습관은 어른이나 아이 모두에게 좋다.

　사람은 끊임없이 생각하고 행동한다. 그러나 시간이 지난 뒤 생각해 보면 올바른 행동을 하기도 했지만, 잘못된 판단을 내리는 바람에 곤란에 처한 경험도 있을 것이다. 이때 자기만의 행동 기록장이 있다면 행동 기록장을 통해 어떤 점을 고쳐야 할 것인지 점검해볼 수 있다.

　어느 날, 칼은 저녁 식사를 마친 뒤 행동 기록장을 들여다보다가 불현듯 눈살을 찌푸렸다. 알고 보니 행동 기록장에서 자신의 잘못된 행동을 발견한 것이다.

"난 내가 올바른 행동만 하는 줄 알았는데 이렇게 문제점이 많군요."

칼은 실망한 기색이 역력했다. 나는 처음에는 칼의 선행만 기록했다. 그러나 시간이 지나면서 칼이 자기주장을 강하게 내세우는 것을 보고 반성하도록 하기 위해서 나쁜 행동도 기록하기 시작한 것이다.

많은 부모가 자녀가 제멋대로 굴면서 거짓말을 하거나 애완동물을 잔인하게 학대하는 문제로 고민한다. 그들은 자녀 교육에 온갖 노력을 기울이지만 올바른 방법을 찾지 못해 허둥거린다. 이때 행동 기록장을 쓴다면 과거의 행적을 통해 앞으로 나아갈 방향을 찾을 수 있다.

기록은 행동을 지배한다. 글을 쓰는 것은 시신경과 운동신경을 지배하므로 뇌에 강하게 각인되는 효과가 있다.

좋은 행동의 예
일찍 자고 일찍 일어났다.
친구들과 사이좋게 지냈다.
1시간의 독서 프로그램을 실천했다.
정리정돈을 잘했다.
친구에게 간식을 나눠주었다.

나쁜 행동의 예
편식을 했다.
부모님께 대들었다.
외출 후 손을 씻지 않았다.
친구들과 싸웠다.
친구의 사탕을 훔쳐 먹었다.

부모가 먼저
솔선수범한다

플라톤은 말했다.

"스스로 원해서 나쁜 행동을 하는 사람은 없다."

아이들은 천사처럼 순수하다. 단지 올바른 교육을 받지 못해 나쁜 행동을 하게 되는 것뿐이다. 아이는 부모의 거울이라서 아이의 행동을 통해 부모의 실체를 볼 수 있다. 그러므로 아이의 잘못을 지적하기 전에 부모부터 잘못된 습관은 없는지 점검해야 한다.

이 세상에 아이의 인격을 키워주는 전문 기관은 없다. 그 전문 기관이 바로 가정이라는 울타리 속에 있기 때문이다. 부모는 아이와 가장 가까운 사람이자 많은 시간을 함께 보내는 사람이기에 가장 좋은 모방의 대상이다. 아이가 훌륭한 사람으로 성장하느냐, 성장하지 못하느냐는 상당 부분 부모의 책임이다.

누군가가 말하기를 아이의 마음은 기묘한 땅이라서 사상이 씨를 뿌리면 행동이 수확하고, 행동이 씨를 뿌리면 습관이 수확하며, 습관이 씨를 뿌리면 인격이 수확하고, 인격이 씨를 뿌리면 운명이 거둬들인다고 했다.

나는 이 말에 100퍼센트 공감한다. 존경받는 부모는 자신에게 엄격하고 모범적이며, 자녀에게 성숙한 인격체로서 존중받는다.

많은 부모가 아이의 잘못을 발견하면 즉시 벌하는데, 이것은 일시적인 방편일 뿐이다. 아이 스스로가 무엇이 잘못된 행동인지, 왜 그 행동을 고쳐야 하는지 정확한 이유도 모른 채 혼나기만 하면 잠시 부모의 권위에 눌려 나쁜 행동을 삼갈 뿐, 시간이 지나면 다시 나쁜 행동을 할 가능성이 크기 때문이다. 나는 칼에게 선과 악의 개념을 분명하게 알려준 뒤 행복하게 살아가기 위해서는 선을 지향해야 한다고 가르쳤다.

어느 날, 칼이 친구들과 놀다 몰래 친구의 사탕 하나를 입에 넣는 것을 보았다.

"칼, 너 왜 친구 사탕을 훔쳐 먹는 거야?"

"아니에요, 아빠. 훔쳐 먹지 않았어요."

"칼, 네가 무슨 짓을 한 줄 알아? 도둑질을 했어. 도둑질은 죄악이야."

"사탕 하나 먹은 걸 가지고 도둑질이라니요?"

칼은 자신이 무엇을 잘못했는지 모르는 듯 계속 변명을 했다.

"주인 몰래 물건을 훔치는 건 도둑질이야. 그게 사탕이건 금덩이건 마찬가지야."

그제야 칼은 친구에게 사탕 봉지를 건네며 사과했다. 아이들은 도둑질의 개념을 정확하게 이해하지 못한다. 아이들이 생각하는 도둑질의 기준은 질이 아니라 양이다. 그래서 적은 양의 물건을 훔치는 것은 도둑질이라고 생각하지 않는 것이다. 따라서 아이에게는 선과 악의 도덕적 개념을 분명히 가르칠 필요가 있다.

나는 칼에게 선과 악, 착한 행동과 나쁜 행동 등에 대해 여러 가지 말을 해 주었다.

"착한 행동을 하면 복을 받지만 나쁜 행동을 하면 벌을 받는단다."

"사람은 자신이 한 행동에 책임질 줄 알아야 한단다. 나쁜 짓을 하면 벌이 기다리고 있지만 착한 행동을 하면 칭찬이 기다리고 있어."

"공부는 삶을 풍요롭게 만들고, 선행은 복을 받게 해준다."

돈의 소중함을
알게 한다

나는 칼을 격려할 때 '행동 기록장'과 '돈'이라는 두 가지 방법을 사용했다.

앞서 언급했던 것처럼 칼은 착한 행동이 기록되는 것을 볼 때면 기쁜 얼굴로 행동 기록장을 살펴보곤 했다. 그 외에 나는 칼이 공부를 열심히 하면 약간의 돈을 주어 저금하도록 했다. 하지만 공부를 소홀히 하거나 잘못된 행동을 하면 돈을 주지 않았다. 그러자 칼은 잘못을 저질렀을 때면 먼저 고백했다.

"아빠, 오늘은 제가 잘못했으니 저금을 할 수 없겠군요."

칼의 고백을 듣고 나는 몹시 감격했다. 그럴 때는 평소보다 더 많은 돈을 주어 저금하게 하고 싶었지만 애써 내색하지 않고 칼에게 말했다.

"아빠가 미처 몰랐구나. 그럼 내일은 꼭 착한 행동을 해야 해."

아이에게 돈의 귀중함을 깨닫게 하는 것은 대단히 중요한 일이다. 그렇다고 아이에게 많은 돈을 주는 것은 좋지 않다. 가지고 싶은 것을 쉽게 얻으면 물질의 진정한 가치를 알 수 없기 때문이다. 그러므로 돈을 이용해 교육할 때는 특히 주의해야 한다.

자산가인 내 친구는 자기 아들에게 평소에도 꽤 많은 액수의 용돈을 주었다. 부모에게서 올바른 소비 습관을 배우지 못한 그의 아들은 돈을 함부로 쓰고 다녔다. 자신은 함부로 돈을 쓰고 다니면서도 어려운 사람을 돕는 데 지갑을 여는 일은 좀처럼 없었다.

부자 아빠를 둔 그의 아들이 불량배들의 먹잇감이 되는 데는 그리 오랜 시간이 걸리지 않았다. 불량배들이 그를 도박장으로 불러내 교묘히 돈을 잃게 했다. 그리고 허구한 날 먹고, 마시고, 싸우고, 도박하고, 불량배들과 어울려 말썽을 피우며 지냈다. 결국 아들의 나쁜 행실을 알게 된 내 친구는 아들을 무섭게 매질한 뒤, 더 이상 용돈을 주지 않았다.

내 친구의 사례를 봐도 자녀의 용돈 관리가 얼마나 중요한지 알 수 있다.

나는 칼에게 돈을 버는 것이 얼마나 힘든 일인지 알아듣도록 설명한 뒤, 의미 있게 돈을 쓰도록 가르쳤다. 칼이 과자를 먹고 싶다고 할 때는 같은 돈으로 오래 두고 볼 수 있는 책이나 학용품을 사는 것은 어떤지 물어보았다.

그리고 크리스마스 같은 축제 때는 형편이 어려운 친구들에게 선물을 하도록 권했다. 평소에도 나는 칼과 함께 어렵게 사는 이웃을 찾아가 작은 선물과 함께 마음을 전했다. 칼은 자신이 모은 돈을 불우한 이웃을 위해 쓰는 것에 만족해했다.

어느 날 우연히 칼의 저축액이 많이 줄어든 것을 알고 어떻게 된 일이냐고 물었더니 친구인 하우스에게 주었다고 했다.

칼의 친구인 하우스는 농부의 아들이었다. 하우스는 공부를 하고 싶어 했지만 가난한 집안 형편 때문에 학교에 다니지 못하고 집안일을 돕고 있었다. 하우스는 칼에게 솔직하게 집안 사정을 이야기하고, 자신은 책 읽기를 무척 좋아하지만, 책을 살 돈이 없다고 말한 모양이었다. 이런 하우스의 고백을 듣고 칼은 자신이 감명 깊게 읽은 책을 건네주고, 돈이 없어 학용품을 사지 못하는 하우스를 위해 자신의 학용품을 나눠준 것은 물론이고 저축한 돈의 일부를 주기까지 했다.

훗날 하우스의 아버지는 아들과 함께 우리 집으로 찾아와 감사의 뜻을 전했다.

"비테 목사님, 정말 훌륭한 아드님을 두셨군요. 칼이 제 아이에게 책을 여러 권이나 줬지 뭐예요. 틀림없이 하느님의 축복을 받을 거예요."

하느님의 은총이 있었는지 칼은 어릴 때부터 작은 힘이지만 남을 도우면 상대가 큰 용기를 얻는다는 것을 알았다.

나는 오랜 관찰과 연구를 통해 아이들은 돈을 그저 물건을 사는 도구로밖에 생각하지 않는다는 사실을 깨달았다. 따라서 어릴 때 함부로 돈을 낭비하다 보면 무계획적인 소비 생활을 하게 된다.

소비 교육을 하는 목적은 자녀를 잇속에 밝은 사람이나 장사꾼으로 만들기 위해서가 아니라 건전한 사회 구성원이 되어 안정된 소비 생활을 하도록 돕기 위해서이다.

나는 칼에게 자원의 소중함을 알고 합리적인 소비 생활을 할 수 있도록 광물, 목재 등을 어떻게 얻는지 자세히 설명했다.

절약하는 습관을 지니려면 가진 것에 감사하는 습관을 기르는 것도 좋다. 이때 물질적인 것뿐만 아니라 우정, 사랑과 같은 정신적인 가치의 소중함도 알아야 한다.

호기심 처방전

아이들은 서너 살 무렵이 되면 끝없이 질문을 퍼붓기 시작한다. 이것은 세상에 대해 호기심이 생겼기 때문이다. 이때 많은 부모가 아이들의 질문을 귀찮아하는데, 이것은 아이들의 탐구심을 무참하게 짓밟는 행위나 다름없다.

뇌가 발달하기 시작하는 초기에 부모가 호기심에 대한 갈증을 적절하게 풀어주지 않으면 아이의 탐구력이 소멸할 수 있다. 많은 부모들이 자식의 지적 잠재력을 꺾어버린 뒤에야 "왜 성적이 오르지 않는지 모르겠다."라고 한탄한다.

나의 조카 한 명도 교육에 무관심한 부모 때문에 학습에 활력을 잃고 말았다. 어느 날 조카가 아빠에게 물었다.

"아빠, 왜 태양과 달은 항상 동쪽에서 떠서 서쪽으로 지는 거예요?"

"이유 같은 건 없어. 옛날부터 쭉 그래 왔으니까. 넌 참 별걸 다 궁금하게 생각하는구나."

아빠한테 이런 답변을 듣고 어떤 아이가 질문을 하겠는가? 이후 조카는 우울한 얼굴로 늘 구석에 처박혀 지냈다.

부모는 부모라는 지위를 이용해서 자녀를 무시해서는 안 된다. 부모에게 무시당한 아이는 자존감 부족과 타인의 반응에 대한 두려움, 관심이 필요한 시기의 관심 결여로 인해 사물을 바라보는 변별력이 떨어진다.

사람은 누구도 세상의 모든 것을 다 알 수는 없다. 아이의 질문에 대답하기가 곤란하면 같이 탐구하며 그 이치를 알아가는 것이 부모로서 할 일이다.

나는 칼보다 지적 능력이 더 뛰어나다고 해서 권위적으로 굴지 않았다. 한번은 칼이 천문학에 대해서 나도 잘 모르는 질문을 하기에 "그건 나도 잘 모르겠는걸." 하고 솔직히 인정하고 함께 도서관으로 가서 자료를 찾아 궁금증을 해소했다. 이때 칼에게 말해 주었다.

"칼, 고마워. 네가 이런 질문을 하지 않았더라면 아빠는 평생 모르고 지낼 뻔했구나."

칼이 좀 더 성장하자 광범위하게 늘어나는 질문 공세에 직접 대답하지 않고 스스로 궁금증을 해소하게 했다. 칼을 가르칠 때 나는 시종일관 칼과 동등한 관계를 유지했다.

현실 세계야말로
최고의 학습장

　아이의 재능은 되도록 어릴 때 키워 줘야 한다. 많은 사람들이 창의력을 어른의 전유물로 생각하는데, 그 기초는 어린 시절의 놀이를 통해 시작된다고 봐야 한다.

　특히 게임을 이용한 놀이는 아이의 흥미를 돋울 뿐 아니라 지능 계발에도 효과적이다. 나는 놀이를 통해 칼의 집중력, 관찰력, 상상력, 조정력을 키워나갔다.

　동물에 관해 설명하다가 '두 동물의 차이점은 무엇일까?', '이 동물은 어떤 먹이를 먹을까?', '이 동물은 어떤 소리를 낼까?', '같은 색깔의 동물을 골라 볼까?' 등의 질문을 하여 동물의 세계에 호기심을 불러일으켰다. 또한 식탁 위의 쟁반에 갖가지 물건을 담은 다음 칼에게 기억하게 하고 눈을 감게 하여 몰래 다른 물건을 더 추가하거나 덜어냈다. 그런 뒤 '무엇이 없어졌을까?', '무엇을 더 했을까?'와 같은 질문을 하여 물건 알아맞히기 게임을 통해 관찰력을 기르게 했다. 이때 틀린 대답을 하면 좀 더 관찰력을 기르라며 의욕을 북돋아 주었다.

그리고 '비슷한 말과 반대말 찾기', '끝말 이어가기' 등을 통해 어휘력을 다졌다.

중국 속담에 '한번 좌절하면 그만큼 지혜로워진다.'는 말이 있다. 칼 역시 몇 번의 시행착오를 겪고 나더니 수량을 기억하는 능력이 놀랄 정도로 향상되었다. 이런 훈련을 거듭하자 나중에는 무리지어 날아가는 새들을 보고 단숨에 그 수를 맞혔다. 이 게임은 집중력, 기억력, 관찰력을 기르는 데 매우 효과적이다.

고도의 지능을 이용하는 게임을 할 때는 성급하게 좋은 결과가 나오기를 바라는 것보다 아이의 입장에서 생각하려고 노력해야 한다. 아이가 싫어하는 게임을 하면 오히려 역효과가 날 수 있기 때문이다.

칼은 고도의 지능을 이용하는 게임에서 기대 이상의 성적을 거두었다. 이에 나는 난도를 높여서 더욱 분발하게 했고, 반대로 수업을 따라오는 속도가 느리면 흥미를 갖도록 유도했다.

이때 아이의 나이와 지적 수준을 고려해서 난이도를 합리적으로 조절하지 않으면 원하는 교육 효과를 기대할 수 없다. 처음에는 단순하고 쉬운 것부터 시작하다가 차츰 복잡하고 다양한 게임을 시도해 아이가 더욱 분발하도록 하는 것이 좋다.

호기심이 많은 아이는 무슨 놀이를 하든 쉽게 빠져든다. 칼과 나는 눈이 내리는 날이면 밖에 나가 눈사람이며 눈호랑이를 만들고, 비 오는 날이면 도랑을 쳤다. 그리고 진흙과 자갈로 성을 쌓기도 했다. 이런 놀이를 하는 동안 칼은 손발이 어는 줄도 모를 정도로 신나 했다.

집짓기는 칼이 어릴 때 아주 좋아했던 놀이 중 하나이다. 집짓기를 통해 높이, 크기 등의 공간 개념을 이해하고, 건물을 지을 때 왜 설계 도면을 먼저 완성해야 하는지도 깨우쳤다. 이런 놀이는 성취감과 재미를 한꺼번에 맛볼 수 있다.

집짓기를 할 때 칼에게 원하는 집을 구체적으로 떠올리게 한 뒤 건축에 어떤 기본 자재가 필요한지도 알려주었다. 이것은 이미지를 통한 사고력 훈련에 매우 효과적인 방법이다. 칼은 집짓기 놀이를 통해 놀라운 잠재력을 발휘하여 나의 기대를 헛되지 않게 했다.

내 경험으로는 만 권의 책을 읽는 것보다 직접 눈으로 보는 것이 효과가 더 좋았다. 현실 세계는 언제나 책보다 더 풍부하고 생동감 넘치는 지식을 가르쳐주기 때문이다.

새장 속에 갇힌
새를 구하라

칼이 공부에 뛰어난 재능을 보이자 고리타분한 교육자들이 나의 교육 방식에 대해 의혹을 제기했다. 그들은 내가 칼을 너무 혹독하게 공부시켜 뇌신경에 손상을 입었을 것이라고 우려했다. 하지만 무수한 사례를 통해 증명했듯이 심리 게임을 바탕으로 한 공부는 전혀 문제가 되지 않는다. 정신 건강을 해치는 것은 잘못된 교육 방식이다. 다시 말해 본인이 좋아하는 방식으로 공부하면 전혀 문제가 없다. 하지만, 강제적인 교육은 학습에 흥미를 잃게 되는 것은 물론, 스트레스를 가중시켜 정신적으로나 신체적으로 크나큰 문제를 야기한다.

초등학교 교사인 칼비노는 특히 내 교육 방식을 강력히 반대한 사람 중 한 사람이다. 그렇다면 그의 교육 방식은 어땠을까?

칼비노에게는 아들이 있었는데, 그는 아들을 영재로 만들고 싶어 했다. 어느 날, 그는 우쭐대며 나에게 아들의 공부방을 보여주었다. 칼비노의 아들 방에는 그야말로 입이 떡 벌어질 만큼 많은 양의 책이 빼곡히 꽂혀 있었다. 그의 아들은 책상 앞에 앉아 공부를 하고 있었는데, 내 눈에는 새장 속에 갇힌 새처럼 보였다.

"어때요, 저 녀석 정말 열심히 공부하죠?"

칼비노가 자랑스럽게 말했다. 확실히 칼비노의 아들은 열심히 공부하고 있었다. 그의 아들은 채 여섯 살도 되지 않았는데 하루에 열 시간씩 공부한다고 했다. 칼비노는 날마다 아들에게 역사, 지리, 물리, 생물을 공부하게 하고, 모국어는 물론이고 각종 외국어도 가르친다고 했다.

"제 아들은 철이 든 다음부터 공부방을 나간 적이 없어요."

그러나 그의 그런 설명을 듣지 않아도 아이의 창백한 얼굴과 초점 없는 눈빛을 보고 집 안에 틀어박혀 지낸다는 것을 알 수 있었다.

나는 그의 아들에게 공부한 내용과 관련해 몇 가지 질문을 던졌다. 그러나 나는 기대에 미치지 못하는 답변을 들었다. 말에 논리가 없고, 내용도 뒤죽박죽이었다. 내가 보기에 그의 아들은 신경이 훼손된 것이 분명했다.

이후 칼이 대학에 들어간 뒤에도 그 아이의 실력은 늘지 않았다. 칼비노는 그야말로 헛수고를 한 것이다. 칼비노의 아들에게 공부는 의무이자 고통스러운 스트레스였다. 하지만 칼에게 공부는 재미있는 놀이이자 게임이었다. 그래서 두 아이의 성적이 천양지차가 난 것이다.

ⓣip 놀이와 인간

로제 카이와Roger Caillois.는 저서 『놀이와 인간』에서 이렇게 기술하고 있다.
"어린 시절 동네 친구들과 소꿉놀이, 술래잡기, 딱지치기, 숨바꼭질 등의 놀이를 했던 기억을 갖고 있는 사람은 성인으로서 살아가는 데 필요한 기본 규칙들을 거의 다 배웠을 것이다."
카이와는 놀이를 하는 '정신'은 가장 높은 수준의 문화 활동일 뿐만 아니라 개인의 지능 발달과 정서에 중요한 영향을 미친다고 생각했다. 놀이는 재미있기 때문에 인간은 끊임없이 놀거리를 찾는다.
또한 놀이만큼 인간을 평등하게 만드는 것은 없다. 놀이를 하는 인간은 상호 일체감과 해방감, 즐거움과 카타르시스를 느끼며, 일상의 구속과 제약에서 벗어날 수 있기 때문이다. 마스크를 쓰면 가면의 주인공이 되기도 하고, 환상과 꿈에 젖어 잊고 있었던 향수를 음미하기도 한다. 그러면서 인간은 자신이 인간인 것을 다행스러워하며 안도의 한숨을 쉬는 것이다.

다른 사람 앞에서
혼내지 않는다

자존심은 인간이 지키고자 하는 기본 욕구이다. 특히 아이의 자존심은 여린 꽃잎과 같아서 상처가 생기면 흔적이 남을 수 있다. 아이들은 복잡한 생각을 하지 않을 것이라는 예상과 달리, 아이도 어른 못지않게 예민하고 눈치도 빠르다. 그런 아이들이 반복해서 자존심에 상처를 입으면 심신의 건강에 적신호가 켜진다. 나는 칼을 교육시킬 때 자존심을 지켜주기 위해 얼마나 신경을 썼는지 모른다.

어른과 달리 아이들은 판단력과 문제 해결 능력이 부족한 탓에 나쁜 습관에 쉽게 물들지만, 그것이 반드시 '습관'으로 고착된다고 볼 수는 없다. 따라서 부모는 아이의 사소한 실수를 어른의 악습과 혼동해서는 안 된다. 아이의 '악습'은 일시적인 것일 수 있으므로 어른의 악습처럼 위험하지 않기 때문이다. 그러므로 이를 혼동하지 않기 위해서는 아이의 행동에 주의하고, 특이한 행동을 하는 원인이 무엇인지 알고 대처해야 한다.

아이가 잘못을 저질렀을 때, 여러 사람 앞에서 혼내는 부모가 있다. 이런 부모들은 아이가 '잘못했다'고 실수를 인정해야 부모로서 권위가 선다고 생각하는데, 이것은 아이의 자존심에 상처를 줄 수 있으므로 삼가야 한다.

부모들이 찾아와 자녀 교육을 상담할 때 나는 '가장 중요한 것은 아이의 자존심을 지켜주는 것'이라고 말한다.

사람은 누구나 타인에게 인정과 격려를 받고 싶어 한다. 이러한 인정 욕구는 아이가 어른보다 더 강하다. 따라서 부모는 자녀들에게 자주 격려해 주어 자긍심을 갖도록 해야 한다.

특히 아이들은 친구들 앞에서 창피를 당할 경우 두고두고 친구들의 놀림감이 될 수 있다. 이것은 장기적 심리 장애를 겪는 계기가 될 수도 있으므로 부모는 이 문제에 신경을 써야 한다.

자녀 교육은 인내심을 필요로 한다. 아이가 잘못을 저질렀을 때 불같이 화를 내면 아이의 버릇이 고쳐질 것이라고 생각하지만 오히려 마음의 문을 더욱 굳게 닫아버릴 수 있다. 가장 좋은 자녀 교육법은 아이의 편에 서서 편안하게 대화를 나누는 것이다.

아이가 무슨 일을 할 때마다 부모는 "하지 마.", "안 돼.", "그만 둬."라고 말하는데, 이런 부정적인 말들은 무력감과 열등감을 안

겨준다. 되도록 "이렇게 해봐.", "열심히 해보렴." 같은 긍정적인 말로 격려해야 한다.

또 부모들이 오해하는 것 중의 하나가 아이가 나쁜 습관에 물들지 않게 하려면 아이의 모든 일에 일일이 관여해야 한다고 생각하는 것이다. 이것은 크나큰 오해이다. 특히 아이가 무슨 대단한 비밀이 있겠느냐며 아이가 숨기려 드는 비밀까지 캐내는 행위는 옳지 않다. 어른이 보기에 대수롭지 않은 비밀이 아이로서는 자존심의 마지막 보루일 수 있기 때문이다. 아이에게 자존감을 심어주어야 아이에게 존중받고, 서로 간에 친밀감을 높일 수 있다.

부모가 아이를 존중하지 않으면 아이는 설 자리를 찾지 못해 힘들어하다가 자칫 자폐적인 성향을 보일 수 있다. 존중한다는 것은 아이의 의견에 귀를 기울이고 따뜻한 관심을 표하는 것이다. 나는 칼이 잘못을 저지르면 끝없이 잔소리를 늘어놓기보다 무엇이 잘못됐는지 알아듣도록 설명했다.

나는 칼에게 단 한 번도 폭력을 행사한 적이 없다. 폭력을 행사하는 것은 야만적인 행위이기 때문이다. 체벌은 일시적인 효력이 나타날 뿐 근본적인 변화를 가져올 수는 없다. 그런데도 많은 부모들이 체벌과 함께 화풀이를 쏟아낸다.

"꼴도 보기 싫으니까 내 눈앞에서 썩 꺼져버려!"

"어쩜 넌 이렇게 바보짓만 골라서 하니?"

"정말 방법이 없구나, 너는."

163

그러나 이런 말들이 아이의 마음에 어두운 그늘을 만든다는 사실을 안다면 말조심을 할 것이다.

합리적인 자녀 교육은 아이의 정신 건강에 도움을 준다.

어떤 부모는 아이의 자존심을 살린다는 이유로 요구 조건을 무조건 들어주어야 한다고 주장하는가 하면, 어떤 부모는 아이의 행동에 사사건건 간섭한다. 이 두 유형의 부모는 극단적인 대처 방법으로, 아이의 창의력을 소멸시키고 활력을 잃게 한다. 요구 조건을 무조건 들어주면 부모에게 의존감이 높아져 발전이 없고, 사사건건 트집을 잡으면 자존감이 낮은 아이로 성장할 수 있기 때문이다.

칼은 어릴 때 벽에 낙서하는 것을 좋아했는데, 내가 그림 도구를 사줘도 그 버릇이 고쳐지지 않았다.

어느 날, 칼이 몰래 낙서하는 장면을 목격했다.

"칼, 뭐 하니?"

칼은 황급히 자신이 한 낙서를 몸으로 가린 뒤 크레용까지 숨겼다. 나는 낙서를 하지 말라는 말과 함께 잠시 방에 혼자 있게 했다. 얼마 후 칼을 불러 왜 벽에 낙서를 했느냐고 물었다.

"아빠, 잘못했어요. 도화지에 그려야 하는데, 벽을 지저분하게 만들고 말았군요. 아빠가 물건을 더럽히지 말라고 했는데……. 저는 벌을 받아도 싸요."

내가 칼을 당장 벌주지 않고 혼자 있게 한 것은 칼 자신이 무엇을 잘못했는지 생각하는 시간을 갖게 하기 위해서였다. 그런 행동은 어린아이라면 누구나 하는 장난으로, 아이 스스로도 자신의 행동이 잘못됐다는 것을 알고 있다. 아이가 진심으로 자신의 잘못을 뉘우치면 같은 잘못을 되풀이할 확률은 줄어든다.

또한 아이들이 서로 투닥거리며 싸울 때 잠시 떼어놓고 혼자 생각하게 하면 어느새 마음의 앙금이 풀려 화해한다. 이때 '왜 친구에게 친절을 베풀어야 하는가?' 하면서 말을 장황하게 늘어놓는다면 사태만 악화시킬 뿐이다.

ⓣip 내면아이 | inner child

내면아이란 어린 시절의 주관적인 경험을 설명하는 용어로, 한 개인의 인생에서 어린 시절부터 지속적인 영향을 주는 존재이다. 어린 시절 타고난 기질에 따른 '있는 그대로의 나'를 인정받지 못한 채 성장한 사람의 마음에는 트라우마가 남는다. 가령 고유한 기질인 소심한 성격을 부정적으로 취급받은 아이, 수치심이나 슬픔 같은 감정을 드러내는 것을 나약한 태도라고 학습 받은 아이, 순수한 즐거움이나 관심사를 쓸데없는 것이라고 취급받은 아이, 다른 사람의 마음을 기쁘게 만들어야 사랑받을 수 있다고 여기는 아이의 마음속에는 자신도 모르는 트라우마가 생겨나 성인이 된 이후의 모든 행동에 사사건건 문제를 일으킨다.

현명한 '내면의 부모'는 내면아이의 욕구를 존중하면서 수용력을 키워준다. 내면아이의 욕구는 바로 자신을 있는 그대로 봐주고, 자신의 말을 들어주고, 자신의 진정한 일부분을 가치 있게 여겨주기를 바란다.

. . .

악습이 완전히 몸에 배면 고치려고 해도 소용없다.
특히 청소년기에 가치관이 제대로 정립되지 않으면
자존감이 낮아 조화로운 공동체 생활을 하기 힘들다.
이런 유형의 아이들은 성장과 동시에 바람직한 창조적 원동력이 소실되어
결국 가벼운 물질세계에 휘둘리며 살아갈 수밖에 없다.

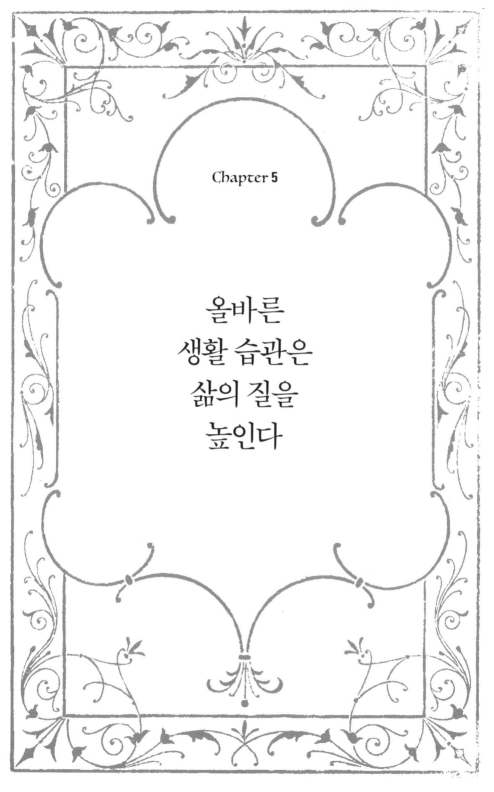

Chapter 5

올바른
생활 습관은
삶의 질을
높인다

자제력
기르기

칼이 두 살로 접어들 무렵부터 나는 칼에게 해야 할 일과 해서는 안 되는 일을 엄격하게 구분해서 가르쳤다. 어릴 때 아무런 규제 없이 키우게 되면 나중에 나쁜 습관을 고치려고 해도 고치기 어렵다는 것을 알고 있었기 때문이다.

칼이 일곱 살 때 나는 칼을 데리고 다른 교구에 사는 목사의 집을 방문했다. 이튿날 아침, 칼은 식사하다가 우유를 쏟고 말았다. 우리 가족의 규정상 칼은 우유를 쏟았기 때문에 물과 케이크만 먹어야 했다. 그런데 칼을 좋아하는 목사네 가족이 우유와 과자를 다시 내와 칼에게 먹게 했다.

칼은 우유와 케이크를 보고 잠시 머뭇거렸지만 끝내 그것을 입에 대지 않았다. 그러자 목사가 말했다.

"괜찮으니까, 어서 마셔."

그러자 칼이 말했다.

"우유를 쏟았기 때문에 마시면 안 돼요."

나는 모른 체하고 식사를 했다. 그러자 목사가 나를 질책했다.

"사소한 실수 좀 했다고 일곱 살짜리 애한테 우유를 못 마시게 하다니, 너무 심한 것 아닌가?"

"우유 한 잔 못 마신다고 어떻게 되지는 않아요."

"하지만 조금 심하네."

잠시 후 산책을 떠나기 전에 나는 칼에게 말했다.

"조금 있으면 산책을 나가야 하는데, 출출하지 않을까? 지금 우유 한 잔 마셔두는 게 어때?"

칼은 그제야 우유를 마셨다. 목사 가족들은 일곱 살짜리 아이에게 어떻게 그런 자제력을 길러주었는지 의아해했다.

아이는 부모를 비추는 거울이다. 자녀가 성숙한 인격자가 되기를 원한다면 부모 스스로가 바로 서야 한다.

나는 칼 앞에서 흐트러진 모습을 보인 적이 없다. 그리고 늘 칼에게 말했다.

"하느님과 너 자신 외에 널 바꿀 수 있는 사람은 없어."

칼은 부모가 없는 자리에서도 절대 금지된 행동을 하지 않았다. 하느님이 모든 것을 보고 계신다고 생각했기 때문이다. 식욕이 왕성한 아이가 우유와 달콤한 케이크의 유혹을 거절한다는 것은 보통 어려운 일이 아니다. 칼의 그런 자제력은 내가 강요한 것이 아니라 마음에서 우러나와서 한 행동이다. 목사 부부는 칼의 신앙심이 도덕성에 얼마나 큰 영향력을 미쳤는지 알지 못한 듯했다.

많은 아이가 어릴 때부터 고의건 아니건 간에 거짓말을 한다. 아이들이 하는 대부분의 거짓말은 부모의 꾸지람을 피하기 위한 단순한 거짓말이다. 따라서 부모는 아이의 행동을 세심하게 살펴 왜 거짓말을 했는지 원인을 파악한 뒤에 합리적인 지도를 해야 한다.

칼이 세 살 때 식탁의 물을 쏟은 적이 있었다. 당시 나는 다른 교구에 있었고, 아내는 방에 있었다. 비어 있는 물컵을 보고 아내가 말했다.

"칼, 네가 물을 쏟았니?"

칼은 자신이 하지 않았다고 고개를 저으며 강하게 부인했다. 아내는 칼의 귀여운 모습에 마음이 약해져서 더 이상 다그치지 않았다. 그날 저녁, 아내가 낮에 있었던 일을 들려주었다.

나는 곰곰이 생각한 끝에 그 일과 관련해서 칼과 이야기할 필요가 있다고 느꼈다.

"칼, 오늘 물을 쏟았다면서?"

칼은 계속 부인했다.

"칼, 네가 물을 쏟았건 쏟지 않았건 진실을 말했으면 좋겠어. 비록 엄마는 보지 못했지만 하느님은 보셨거든. 엄마, 아빠는 거짓말하는 아이를 싫어해."

나는 엄숙하게 말했다.

잠시 후 칼은 고개를 숙인 채 거짓말한 것을 인정했다. 나는 칼이 잘못을 솔직하게 시인했기 때문에 더 이상 꾸짖지 않았다.

많은 부모가 아이들의 사소한 거짓말을 대수롭지 않게 여긴다. 나는 이런 현실이 걱정스럽다. '거짓말은 모든 죄악의 근원'이기 때문이다.

사람의 습관은 쉽게 바꿀 수 없다. 나는 칼이 어릴 때부터 절대 거짓말을 해서는 안 되는 이유를 알려주었다.

"거짓말을 하게 되면 신뢰할 수 없는 인물로 낙인찍혀. 게다가 거짓말을 한다는 것은 상대방을 무시하는 행위야. 건강한 사회인이라면 그 누구도 거짓말하는 사람과는 어울리려고 하지 않아."

칼은 어릴 때부터 '거짓말은 나쁘다'라는 것이 몸에 배어 있었다. 거짓말을 하는 것은 옳지 않다는 것을 배워 알고 있었기 때문이다.

악습이 완전히 몸에 배면 고치려고 해도 소용없다. 특히 청소년기에 가치관이 제대로 정립되지 않으면 자존감이 낮아 조화로운 공동체 생활을 하기 힘들다. 이런 유형의 아이들은 성장해서도 바람직한 창조적 원동력이 소실되어 결국 가벼운 물질세계에 휘둘리며 살아갈 수밖에 없다.

상과 벌을
분명히 하라

칼을 교육할 때 내가 가장 중요하게 생각한 것은 자신이 한 행동에 책임을 지게 하는 것이었다. 책임감의 범위는 나이가 들면서 점점 넓어진다.

나는 칼 스스로가 중요한 사람이라는 것을 인식하게 하는 동시에 약점을 극복할 수 있는 강인한 힘을 기르도록 도왔다.

이런 노력 덕분인지 칼은 부모 앞에서 자신의 의견을 스스럼없이 드러내어 말했으며, 우리는 열린 마음으로 삶의 희로애락을 이야기했다.

어떤 사람은 아이를 어른들의 이야기에 끼어들지 못하게 하기도 한다. 그러나 아이도 어른 못지않은 예리한 관찰력과 이해력이 있다는 것을 안다면 섣불리 그런 행동을 하지 않을 것이다.

아이들이 "엄마, 무슨 일 있어요? 기분이 좋지 않아 보이는걸요."라고 말하면 대부분의 어머니들은 "너는 몰라도 돼. 어른들 일에 신경 쓰지 마."라고 말하며 면박을 준다. 이런 일이 반복될 경우 아이들은 집안일에 대해서 아무런 관심도, 책임감도 가질 필요가 없다고 생각할 수 있다.

어느 날, 열일곱 살짜리 한 소년이 나를 찾아왔다. 소년은 술주정뱅이 아버지가 툭하면 어머니와 여동생을 때린다고 했다. 한번은 그 소년이 보다 못해 아버지에게 어머니를 때리지 말라고 말렸다가 이런 말을 들었다고 한다.

"버르장머리 없이 어디다 대고 간섭이야? 네가 어머니랑 동생들을 책임질래?"

소년은 아버지로부터 "책임질래?"라는 말을 듣고 큰 충격을 받았다고 한다. 지금껏 그는 한 번도 부모님과 여동생 문제를 걱정해 본 적이 없었기 때문이다. 소년은 그저 아무 생각 없이 친구들과 어울려 놀기만 했을 뿐 가족 구성원으로의 역할을 배우지 못했던 것이다. 소년의 부모님이 '가정에서의 남자의 역할'에 대해 가르쳤다면 여동생과 어머니에게 동정심과 책임감을 느끼고 아버지에게 진지한 충고를 했을 것이다.

인간의 본성은 선하다. 단지 적기에 교육을 받지 못해 서툰 것뿐이다. 소년은 나와 가족 문제에 대해 진지하게 이야기를 나눈 뒤부터 자주 나를 찾아와 상담을 했다. 이후 나는 소년의 아버지에게 술을 끊도록 독려했으며, 두 여동생을 학교에 보내 정상적인 교육을 받게 해 주었다. 이후 건실한 청년으로 성장한 소년은 결혼하여 단란한 가정을 꾸렸다. 다 쓰러져 가는 가정을 소년의 힘으로 일으켜 세운 것이다.

칼을 가르치면서 주변을 살펴보니 많은 부모들이 자녀 문제로 혼란을 겪고 있었다. 가정교육이 제대로 이루어지지 않으면 부모는 위신을 잃고, 아이들은 경솔해진다.

올바른 인성을 갖기 위해서는 좋은 식습관을 갖는 것도 중요하다. 나는 칼이 식사를 할 때는 먹을 만큼만 음식을 덜어 깨끗하게 접시를 비우게 했다. 접시를 깨끗하게 비웠을 때만 과일이나 과자를 주었다. 이런 훈련은 물건을 아껴 쓰는 습관을 기르게 한다.

아이에게 좋은 습관을 길러주기 위해서는 부모의 언행이 일치하고 상과 벌이 분명해야 한다. 따라서 아이에게 성실성을 가르치고 싶으면 부모부터 성실하게 살아가는 모습을 보여야 한다.

상과 벌이 중요한 만큼 나는 칼에게 이를 남발하지 않으려고 애썼다. 덕분에 칼은 상을 받으면 몹시 좋아했고, 한 단계 더 나아지기 위해서 노력했다. 나는 칼을 자주 벌주지는 않았다. 설령 벌을 주더라도 왜 벌을 받아야 하는지 납득할 수 있도록 설명해 주었다. 그리고 벌을 주기 전에 잘못을 돌이킬 수 있는 기회를 주었고, 그래도 어길 경우에는 가차 없이 벌을 주었다. 이처럼 자신의 행동이 어떤 결과를 낳는지 알게 하면 아이는 더 이상 충동적인 행동을 하지 않는다.

나는 칼에게 말했다.

"아침에 제시간에 일어나야 해. 안 그러면 밥을 먹지 않겠다는 뜻으로 받아들이겠어."

어느 날, 칼이 늦잠을 자고 말았다. 우리는 식사를 마치고 식탁을 치우며 칼의 식사도 같이 치워버렸다. 늦잠을 잔 칼이 뭔가 변명하려는 듯 나를 쳐다보기에 내가 먼저 말했다.

"조금만 일찍 일어나지 그랬니. 우유와 빵을 남겨두고 싶었지만 아침에 늦게 일어나면 안 주겠다고 이미 약속했잖아. 억울하거든 너 자신을 돌아보렴."

아침 한 끼 굶는 것이 대단한 일은 아니다. 중요한 것은 아이에게 약속의 중요성을 깨닫게 하는 것이다.

부모의 말을
따르게 하는 법

아이들은 왕왕 잘못을 저지른다. 아이의 넘치는 에너지를 좋은 방향으로 유도하려면 되도록 빨리 노동의 가치를 깨우치게 해야 한다. 솔로몬은 "매를 들지 않으면 사람이 안 된다."라고 했는데, 이것은 매우 잘못된 교육관이다. 부모가 매를 들면 매우 냉소적이고 잔인해질 수 있기 때문이다.

자녀 교육에 있어 가장 중요한 것은 '아이의 자존심을 지켜주는 것'이다. 한 사람의 자존심은 그가 속한 사회의 도덕적 기초가 된다. 자존심을 잃은 성인은 술이나 도박에 쉽게 빠져든다.

따라서 부모는 늘 언행에 조심해야 한다. 자녀들이 무의식중에 부모의 행실을 배워 나쁜 습관이 생길 수 있기 때문이다. 수학이나 지리는 성장한 뒤에 배울 수도 있지만 어릴 때 몸에 밴 나쁜 습관은 커서도 고치기가 어렵다.

프랑스 황제가 어느 장군의 어머니에게 물었다.

"어떻게 아들을 이렇게 훌륭하게 키웠소?"

그러자 장군의 어머니가 대답했다.

"제 말을 잘 듣게 했을 뿐입니다."

아이의 눈에 어머니가 올바른 가치관을 지닌 성숙한 어른으로 비치면 잔소리를 하지 않아도 올바르게 성장한다.

아이가 사소한 실수라도 저지르면 많은 부모가 공포감을 조성하며 잘잘못을 따진다. 그러나 부모가 가장 먼저 해야 할 일은 흥분을 가라앉히고 아이 스스로 반성할 수 있도록 지도하는 것이다.

한 친구는 아이가 막무가내로 꽃밭을 짓밟는 등 말썽을 피워서 이만저만 고민이 아니었다.

"칼, 우리 아이가 이번에도 옆집 꽃들을 꺾어놓았는데, 어찌하면 좋겠나?"

"잘 타일러보지 그랬어."

"아이가 힘이 장사라네."

"그래?"

"뭐 좋은 방법이 없을까?"

"아이에게 호미와 삽을 주게. 그리고 꽃을 심을 수 있게 작은 땅을 하나 마련해 주는 거야."

"꽃을 짓밟은 애한테 꽃을 가꾸게 하라고?"

"그렇지, 자네 아이는 힘이 남아돌아서 말썽을 피우는 거야."

얼마 후 그는 내 조언대로 아들의 손에 호미와 삽을 들려주어 직접 꽃을 심고 가꾸게 해서 좋은 결과를 얻었다.

어떻게 말썽꾸러기 아이가 순식간에 성실한 정원사가 됐을까?

그 이유는 아이가 쏟아야 할 에너지를 꽃을 가꾸는 데 쓰도록 유도했기 때문이다. 효과적인 교육 방법의 위력은 이처럼 놀랍다.

어느 날 저녁, 빈민가를 지날 때였다. 곳곳에서 아이를 때리며 윽박지르는 소리와 아이의 울음소리가 시끄럽게 들렸다. 부모가 하루의 피로와 분노를 가엾은 아이에게 쏟아놓는 듯했다. 그런데 늘 듣게 되는 고함의 주인공은 정해져 있었다. 아이를 윽박지르는 것도 습관이다. 그러나 풍족한 중산층 가정의 사정도 마찬가지다. 그들은 자녀를 과잉보호해 아이의 미래를 망친다.

에너지를
집중하는 습관

칼이 여러 분야에서 재능을 보이자 많은 부모가 자녀 교육 문제로 상담을 요청해 왔다.

"왜 우리 아이는 매일 책상 앞에 앉아 있는데도 성적이 오르지 않는 걸까요? 우리 아이가 성적이 오르지 않는 이유는 지능이 낮기 때문일까요?"

나는 이런 질문을 받을 때마다 어떤 대답을 해줘야 할지 고민되었다. 아이의 성적이 부모의 기대에 미치지 못하는 원인은 어릴 때 바른 공부 습관을 익히지 못했기 때문이다. 선천적으로 머리가 뛰어나다고 해도 부모가 제대로 이끌어주지 못하면 공부에 관심이 없는 아이로 자랄 수 있다.

칼은 호기심이 왕성해 무엇이든 배우려 들었다. 하지만 어릴 때부터 계획적으로 '공부하는 습관'을 갖도록 유도했기 때문에 불필요한 호기심을 억제할 수 있었다.

나는 칼이 공부할 때는 최대한 집중하게 했다. 언어를 배울 때는 언어에 집중하게 하고, 수학을 배울 때는 수학에 집중하게 했다. 동시에 두 개 과목에 집중한다는 것은 불가능하기 때문이다.

오랜 친구의 아들로, 칼보다 열 살이 많은 하트웰이라는 아이가 있었다. 나는 하트웰의 성장 과정을 오랫동안 옆에서 지켜봤다. 어린 시절의 하트웰은 칼처럼 호기심과 탐구심이 강한 아이였다. 하지만 어쩐 일인지 학교 성적이 좋지 않았다. 부모가 좋은 교육을 받았고, 아이가 기본적으로 영특했기 때문에 왜 성적이 나쁜지 의구심이 들었다. 마침 친구가 아들 문제로 내게 자문해 와서 하트웰의 문제점을 찾아봐 주기로 했다.

약속한 날 공부 시간이 되자 하트웰은 여느 때처럼 책상 앞에 앉아 호메로스의 시를 외울 준비를 했다. 나는 옆방으로 들어가 문틈으로 하트웰을 살피기 시작했다. 처음에는 하트웰이 시를 외우는 소리가 들리더니, 점점 시들해지다가 얼마 지나지 않아 조용해졌다. 가만히 지켜보니 하트웰은 창밖을 향해 멍하니 서 있었다. 딴생각에 빠진 것 같았다.

나는 이대로 두어서는 안 되겠다 싶어 하트웰의 방으로 들어갔다. 하트웰은 얼마나 깊은 생각에 빠져 있었는지 자신의 방에 누가 들어온 것도 알아차리지 못했다.

"하트웰, 공부할 때는 공부에만 집중해야지 무슨 생각에 빠진 거야?"

내가 부드럽게 물었다.

하트웰은 처음에는 한눈팔았다는 것을 부인하더니 계속되는 질문에 어쩔 수 없다는 듯이 자신의 부주의를 인정했다.

"저도 왜 책만 보면 딴생각이 드는지 모르겠어요."

"방금 무슨 생각을 한 거야?"

"어제 일이요. 저희 반에 덩치 큰 아이가 한 명 있는데, 그 녀석이 약한 친구들을 괴롭혀서 화가 나요. 제가 힘이 셌다면 그 못된 녀석을 혼내줬을 텐데 그러지 못한 것이 화가 나요."

하트웰은 이야기를 하는 도중 팔을 휘두르며 두 눈을 부릅떴다.

"하트웰, 남을 돕는다는 건 용기 있는 일이야. 하지만 아무런 노력도 하지 않고 공상 속에서 남을 돕는 것은 어리석은 짓이지. 공부할 때는 공부에만 집중해야 해. 영웅의 지혜는 책 속에 있으니까. 다윗과 골리앗의 싸움을 읽어보는 건 어때? 다윗에게서 지혜를 구하는 거야. 알았지?"

"네, 알겠어요."

한참 생각에 잠겨 있던 그는 내 말뜻을 이해한 듯 보였고, 곧 책을 펴들고 집중해서 읽기 시작했다. 훗날 친구가 내게 말했다.

"자네의 공부 지도가 효과가 있었어. 자네가 다녀간 뒤 하트웰이 믿을 수 없을 정도로 변했어."

그동안 하트웰의 성적이 나빴던 것은 왕성한 에너지를 엉뚱한 데 사용했기 때문이다. 나와 대화를 나눈 뒤 문제점을 해결한 하트웰은 곧바로 공부에 집중하기 시작했다.

❶ip 산만한 아이를 위한 처방전

1 근심과 걱정을 없애준다
기질적인 특성이 아닌 근심이나 불안감 등의 정서적인 문제로 산만한 아이는 근심을 풀어줘야 한다. 아이와 함께 대화를 나눠 걱정이나 불안을 해소해 주는 것이 좋다.

2 한 가지 활동을 오래 하게 한다
아이의 집중력을 높이기 위해서는 한 가지 활동을 오래 하게 해야 한다. 운동을 시킬 때도 한 가지 운동을 정해진 시간 안에 끝내도록 하면 집중력이 향상된다.

3 집중력을 기르는 놀이를 한다
종이접기와 블록 쌓기, 동전 쌓기, 젓가락으로 콩 줍기 등의 놀이로 집중력을 길러주는 것이 좋다. 처음에는 짧은 시간 동안 하다가 점점 시간을 늘려 나간다. 시간이 길어질수록 아이의 집중력도 향상된다.

4 듣기 능력을 길러준다
집중력이 낮은 아이들은 대체로 듣기 능력이 떨어진다. 듣기 능력을 길러주기 위해서는 노래를 듣고 외워서 부르게 하는 것이 효과적이다. 엄마가 말을 하고 난 다음 어떤 말을 했는지 아이에게 되묻는 것도 듣기 능력을 기르는 데 효과적이다.

시간을 낭비하지
않는 습관

나는 칼이 공부할 때는 완전히 공부에 집중하도록 유도했다. 당시 내가 가장 중요하게 여긴 것은 공부 시간과 휴식 시간을 엄격히 구분하는 것이었다. 칼이 처음 공부를 시작했을 때는 하루에 15분씩 했다. 이 시간에는 절대 딴청을 피우지 못하게 했다. 집안 사람들에게도 이렇게 부탁했다.

"지금 칼은 나와 함께 공부하고 있으니까 이야기할 게 있으면 조금 있다가 해요."

손님이 찾아오면 나는 칼과 공부하고 있으니 잠시 기다려 달라고 요청했다. 그렇게 한 까닭은 칼에게 공부 시간을 엄격하게 지켜야 한다는 것을 알려주기 위해서였다.

그렇다고 칼이 하루 종일 방 안에 틀어박혀 공부만 한 것은 아니었다. 공부할 때는 집중해서 공부하고, 나머지 시간에는 운동을 하거나 각종 취미 활동을 했다. 집중력과 함께 나는 칼에게 어떤 일이건 신속하게 처리하는 습관을 기르게 했다. 이것은 매우 중요한 일이다.

어느 날, 나는 칼에게 수학 문제를 내준 뒤 제한 시간 안에 풀도록 했다. 잠시 후 책을 찾을 일이 생겨서 제한 시간 전에 칼의 방으로 들어갔더니 방 안은 어지럽혀져 있고, 칼은 딴짓을 하고 있었다.

"칼, 문제 안 풀고 뭐 하고 있었어?"

"간단한 문제라서 금방 풀 수 있어요."

"간단하다고?"

나는 순간적으로 화가 났다.

"그럼 두 문제 더 내야겠구나."

"왜요?"

나는 칼에게 두 문제를 더 내주고 자리를 떴다. 시간이 되어 다시 칼의 방에 갔을 때 칼은 세 번째 문제를 풀고 있었다.

"칼, 그만해."

"아직 다 못 풀었는데요."

칼은 내가 한 행동이 시간을 끄는 버릇을 고치기 위함이라는 걸 모르는 모양이었다.

"처음부터 시간을 끌지 않았으면 지금쯤 문제를 다 풀었을 거야."

그제야 칼은 자신의 잘못을 깨달은 듯했다.

"생각해 봐. 처음 네가 시간을 끌지 않았으면 첫 번째 문제를 풀고 남은 시간에 네가 좋아하는 책을 읽었을 거야. 하지만 너는 그렇게 하지 않았어. 시간을 낭비하는 건 맛있는 우유를 바닥에 쏟아버리는 것과 마찬가지야. 오늘 네가 시간을 낭비했으니까 우유를 버렸다고 볼 수 있지. 물론 아빠는 너처럼 어리석게 귀한 것을 바닥에 버리지는 않겠어. 네 우유를 다른 사람에게 줄게."

그날 나는 칼의 우유를 하인에게 주었다.

우리의 일생에서 잠자는 시간과 휴식 시간을 제외하면 남는 시간은 그리 많지 않다. 그러므로 시간을 잘 활용하지 않으면 삶을 덧없이 보내고 만다.

칼이 어릴 때는 공부를 놀이하듯 가르쳤지만, 성장해서는 방법을 달리했다. 즐겁게 공부하되 놀이하듯이 공부를 해서는 안 되는 이유가 있다.

성인이 되어 일단 생활 전선에 뛰어들면 놀 생각은 꿈도 꾸지 못하고 때와 장소, 상황에 맞게 모든 일을 일사천리로 진행해야 한다. 고도의 집중력을 요하는 일을 하면서 예전에 놀던 시절을 그리워하면 기대에 부합하는 성과를 올리기 어렵다. 이런 까닭에 나는 공부와 놀이를 엄격히 구분하는 원칙을 고수했고 두 가지에 접근하는 태도에도 명확한 구분을 두었다.

최선을
다하는 습관

나는 칼이 언어와 수학을 공부할 때 지구력을 키워 주기 노력했다. 자녀 교육은 벽돌쌓기와 비슷해서 성실하고 꾸준하게 노력해야 성과를 거둘 수 있다. 나는 "이만하면 됐어."라고 말하는 사람을 좋아하지 않는다. 그런 식으로 말하는 사람치고 일을 제대로 하는 사람을 못 봤기 때문이다. 성공한 사람들은 무엇이든 대충하지 않는다. 그들은 업무건 취미 생활이건 진지하게 임해서 최고의 실력을 발휘한다. 무슨 일이건 최선을 다할 때 가치가 있다.

나는 칼에게 하나의 목표를 정하면 최선을 다해 노력해야 좋은 결실을 얻을 수 있다고 말했다.

우리 부부는 칼이 태어나기 전부터 자녀가 태어나면 반드시 '위대한 인물'로 키워야겠다고 결심했다. 이를 위해서 인내, 끈기, 열정, 믿음을 갖고 긴 마라톤을 뛸 준비를 했다.

칼이 방바닥을 기어 다닐 때의 일이다.

아내는 천으로 고양이를 만들어 칼의 주의를 끈 다음, 칼이 반응을 보이면 고양이를 칼의 팔이 닿지 않는 곳에 옮겨놓아 칼을 움직이도록 유도했다. 칼이 팔이 닿지 않아 포기하려고 하면 아내는 칼의 다리를 조금씩 밀어주어 고양이를 품에 안을 수 있도록 도왔다. 칼이 고양이를 품에 안으면 아내는 칼에게 다정한 입맞춤과 함께 박수를 쳐서 성공을 축하해 주었다.

칼의 학습 능력이 빠르게 향상된 것은 어려운 문제가 나와도 포기하지 않고 스스로 답을 찾도록 유도했기 때문이다.

많은 사람이 칼이 공부하느라 힘들었을 것이라고 생각한다. 그러나 칼은 전혀 힘들지 않게 공부했다. 특히 수학 성적이 좋았는데, 수학 역시 즐겁게 공부했다.

어느 날, 나는 칼에게 이미 배운 수준보다 훨씬 까다로운 수학 문제를 풀어보라고 했다. 그러자 칼은 정신을 집중해서 문제를 풀기 시작했다. 그런데 칼은 제한 시간이 훨씬 지났는데도 방에서 나올 생각을 하지 않았다. 어려운 문제이긴 했지만 한 번도 칼은 제한 시간을 넘긴 적은 없었다. 걱정이 된 나머지 나는 칼의 방문을 열어보았다. 칼은 문제를 푸느라 생각에 골몰해 있었고, 책상 위에 펼쳐진 종이에는 답이 적혀 있지 않았다.

"어렵니?"

칼은 입을 꽉 다문 채 물끄러미 나를 바라보고만 있었다. 날씨가 서늘한데도 칼의 얼굴은 붉게 달아올라 있었고, 콧등에는 땀이 송골송골 맺혀 있었다.

칼이 병이 난 것은 아닌지 걱정되었다.

"칼, 어디 아프니?"

"아니에요. 문제를 어떻게 풀어야 할지 고민하고 있었어요."

"칼, 한 시간이 지났어. 어려우면 쉬었다가 내일 다시 풀어보는 게 어때?"

"조금만 더 시간을 주세요. 곧 풀 수 있을 것 같아요."

저녁 식사 때가 되자 아내는 슬슬 걱정되었는지 칼을 방에서 나오게 하라고 했다. 나는 칼에게 가서 문제를 못 풀어도 좋으니 그만 식사를 하자고 했다.

잠시 후, 칼의 방에서 흥분에 들뜬 목소리가 들려왔다. 칼이 마침내 문제를 푸는 데 성공했다는 것을 직감할 수 있었다. 예상대로 칼은 답안지를 들고 뛰어나왔다. 답은 정확했고, 풀이 방법도 다양했다.

저녁 식사를 하면서 칼은 어떻게 수학 문제를 풀었는지 이야기했다. 이렇게 어려운 문제를 풀어보기는 처음이었지만 답을 알아내 기분이 좋다고 말했다. 중간에 포기하고 싶은 생각은 없었느냐고 묻자 칼이 대답했다.

"있었어요. 문제가 너무 어려워서 머리가 터질 것 같았어요, 방에서 뛰쳐나가고 싶은 마음이 들 때마다 '칼, 조금만 더 노력하는 거야.'라고 말하며 제 마음을 달랬어요."

그 일이 있은 뒤 칼의 문제 해결 능력은 한 단계 높아져서 어떤 어려운 문제도 두세 가지 방식으로 풀어냈다. 칼은 이 일을 통해 포기하지 않고 끝까지 노력하면 해낼 수 있다는 진리를 깨우친 것 같았다.

나쁜 습관은
이렇게 막아라

칼의 재능이 뛰어나다는 소문이 나자 많은 부모들이 나를 찾아와 그 비결을 물었다. 그들은 자녀 교육을 하면서 부딪히게 되는 각종 난제들을 털어놓았다.

"아이가 말을 듣지 않을 때는 어떡해야 하나요?"

"아이의 성적이 나쁠 때는 어떡해야 하나요?"

"아이에게 나쁜 습관이 생겼는데 어떻게 하지요?"

이러한 문제로 고민하는 부모들에게 나는 이렇게 대답해 주었다.

"먼저 아이의 행동을 세밀히 관찰하세요. 그리고 모든 문제를 아이의 관점에서 보도록 노력하세요. 아이의 관점에서 보면 문제가 쉽게 풀립니다."

어느 날, 아주 인상이 좋은 한 부인이 나를 찾아와 아들이 자주 화를 내며 사납게 구는데, 어떻게 해야 할지 모르겠다는 고민을 털어놓았다.

"난폭한 아이의 행동을 고치기 위해서는 대화를 통해 아이가 화를 내는 진짜 이유를 찾아야 합니다."

그녀의 아들은 왜 난폭한 행동을 했을까?

아이들은 감정 조절 능력이 미숙해서 쉽게 흥분한다. 좌절감에 따른 심리적 부담을 해소하는 방법을 찾지 못해 쉽게 분노를 표출하는 것이다.

사춘기 청소년들은 화가 나면 순간적으로 이성을 잃어버린다. 내면의 분노와 공포를 밖으로 표출하는 아이들의 행동을 보면 섬뜩할 때도 있다. 그럴 때는 자녀가 화를 내는 이유를 정확하게 알아내 스트레스를 해소할 수 있도록 도와야 한다.

아이가 지나친 스트레스로 날카로워져 있을 때는 자극하지 말고, 평정심을 되찾을 때까지 기다렸다가 해결점을 찾도록 돕는 것이 좋다.

만약 자녀가 좌절감에서 헤어나지 못할 때는 평정심을 찾도록 도와야 한다. 실패를 겪는 것은 자연스러운 일이므로 만사를 지나치게 심각하게 받아들이지 않도록 이끄는 것이 좋다.

나는 칼을 교육하면서 또래 아이들을 관찰한 결과 아이들이 화를 낼 때는 잠시 주의를 다른 곳으로 돌리도록 하는 것도 화를 가라앉히기에 좋은 방법이라는 것을 알았다. 이때 부모가 폭력을 써서 제어하려고 하면 자칫 감정의 골만 깊어진다. 화가 난 상태에서는 아무 말도 머릿속에 들어오지 않으므로 잔소리를 하는 것은 금물이다.

어떤 아이는 화가 나면 누구도 가까이 오지 못하게 한다. 그럴 때에는 그대로 두는 것이 좋다. 성급하게 화해하려고 하면 아이의 분노가 걷잡을 수 없이 커지기 때문에 아이가 마음을 가라앉힌 후에 따뜻한 위로를 해주는 것이 좋다. 아이의 행동에 대해 지나치게 세심하게 대처하거나 체벌을 가해서는 안 된다.

그리고 아이에게 화를 내면 원하는 것을 얻기보다 소중한 것을 잃을 가능성이 크다는 것을 가르쳐야 한다. 예컨대 주변 사람들이 앞으로 너를 '떼쟁이'라고 생각할 수 있으며, 화를 내는 바람에 좋은 음악회에 참석하지 못한 사실을 상기시키며 평정을 되찾도록 도와주어야 한다.

많은 부모가 사람이 많은 곳에서 자녀가 소란을 피우면 창피하다는 생각에 아이의 요구를 쉽게 들어준다. 하지만 아이들은 생각보다 약삭빠르다. 그들은 부모의 약점을 이용해 능수능란하게 원하는 것을 쟁취한다. 아이가 사람들 앞에서 소란을 피우면 이렇게 해야 한다.

"집에 가서 이야기하자."

"손님이 돌아가신 후에 말하자."

아이가 밖에서 화를 내는 주된 이유는 생소한 환경에 노출되어 무력감을 느끼기 때문이다. 하지만 성장하면서 다양한 경험을 쌓게 되면 좌절을 겪는 횟수가 줄어든다. 따라서 대부분의 아이는 특별한 일이 없는 한, 성장하면서 성격이 온화해진다.

부모 중에는 울면서 떼를 쓰는 아이에게 속수무책으로 끌려다니는 경우가 있다. 아이에게 끌려다니지 않으려면 자녀 교육에 대한 철학이 세워져 있어야 한다.

칼이 네 살 때, 친척이 조카를 데리고 집으로 놀러 온 적이 있었다. 두 아이는 나이도 비슷한 데다가 상대방에 대해서 많이 들어왔던 터라 쉽게 친해졌다. 하지만 2~3일 후부터 문제가 생기기 시작했다.

칼은 조카와 함께 정원에서 나무토막으로 집짓기 놀이를 했는데, 얼마 안 가 서로 싸우기 시작했다. 깜짝 놀라서 밖으로 나와 보니 조카는 서럽게 울고 있고, 칼은 옆에서 눈을 멀뚱히 뜨고 조카를 바라보고 있었다.

"칼, 대체 어떻게 된 일이야?"

나는 엄격한 얼굴로 물었다.

"애가 말을 안 듣잖아요."

알고 보니 칼이 조카에게 감독관처럼 집 짓는 일을 지시했던 것이다. 처음에는 칼의 말을 잘 듣던 조카가 차츰 고집을 부리기 시작하더니 결국 의견 충돌이 일어나면서 싸움으로 번진 것이다. 사태를 파악한 나는 칼에게 말했다.

"칼, 네가 오빠니까 동생에게 양보했어야지. 네가 의젓하게 행동하면 보기 좋았을 텐데."

"아니요. 하나도 보기 좋지 않아요."

말이 끝나기가 무섭게 칼은 미완성된 집을 발로 걷어차 버리더니 자기 방으로 뛰어 들어갔다. 나는 지금까지 한 번도 본 적이 없는 칼의 분노에 당혹스러웠다. 칼이 그렇게까지 화를 내고 제멋대로 군 적이 없었기 때문이다. 나는 칼을 야단치기 위해 뒤쫓는 대신 땅바닥에 주저앉아 울고 있는 조카를 먼저 안아줬다.

식사 시간이 되자 나는 칼에게 차분하게 설명했다.

"평소 네가 집짓기 놀이를 할 때 아버지가 간섭하지 않은 건 마음껏 상상력을 발휘하라고 배려한 거였어. 하지만 오늘은 달라. 동생도 같이 만들었잖아. 동생에게도 상상력을 발휘할 기회를 줬어야지."

"저는……."

"둘이 사이좋게 힘을 합쳐서 집을 지었으면 더 좋았을 텐데……. 사람의 힘은 한계가 있어서 협동할 때 일을 훨씬 더 완성도 있게 해낼 수 있거든. 동생이 잘못한 게 있으면 네가 인내심을 갖고 가르쳐야지 화를 내면 되겠니? 만약 네가 실수했을 때 아버지가 화를 내면 좋겠어?"

칼은 고개를 숙인 채 아무 말도 하지 않았지만, 내 말의 의미를 이해했다는 것을 짐작할 수 있었다.

이튿날, 두 아이는 즐겁게 놀았고, 힘을 합쳐 멋진 궁전을 지었다. 아이들이 성장할수록 점점 태도가 불손해지는 것은 독립적인 인격체로 변해 간다는 뜻이다. 하지만 이때 가정교육을 소홀히 하면 나쁜 습관에 물들 수 있으므로 주의해야 한다.

❶ip 사랑하는 자녀를 위해 최소화해야 할 것들

1 비난의 횟수를 줄여라

말을 항상 조심해서 해야 한다. 아이가 스스로를 문제아라고 생각하면 개선하려는 노력조차 하지 않게 된다. 반대나 금지의 말을 가려서 하면 진정 반대해야 할 상황에서 '안 돼.'라는 말의 가치를 높일 수 있다.

2 비난의 범위를 좁혀라

아이의 행동에 대해 사사건건 비난하게 되면 아이가 스트레스의 감옥에 갇힐 수 있다. 잘못한 행동에 대해서만 분명하게 지적해야 한다.

3 비난의 강도를 줄여라

자녀에게 메시지를 전달할 때는 가능한 한 부드럽게 말해야 한다. 부모라는 잠재된 권력의 영향력은 생각보다 크기 때문에 사소한 말이라도 큰 반향을 불러일으킬 수 있다.

4 비난의 대안을 찾아라

비난의 대안은 목소리 낮추기, 이야기 주제 바꾸기 등이 있다. 아이가 부주의하거나 위험하고 불쾌한 행동을 한다면 이를 가르칠 기회로 삼아야 한다.

과식하지
않는 습관

아이들이 선천적으로 식탐을 갖고 태어나는 것은 아니다. 식탐을 부리는 것은 부모가 종용한 결과이다. 많은 부모가 아이들에게 많이 먹이면 몸이 튼튼해져서 빠른 성장이 이루어지는 줄 안다. 그러나 아이가 과식할 경우 소화하는 데 많은 에너지를 소모하는 바람에 뇌 혈류가 감소해 두뇌 기능이 저하될 수 있다.

아내는 영양가 높고 합리적인 식단표를 짜서 칼이 정해진 시간에 식사하게 했다. 그리고 식습관의 중요성을 알려 주기 위해서 과식의 폐해를 과학적으로 설명해 주었다. 그 덕분인지 칼은 음식 욕심을 부리지 않았다.

"칼, 많이 먹으면 머리가 둔해져서 게을러져. 그리고 활동을 하지 않으면 병에 걸리기 쉬워지지. 병이 나면 친구들과 마음껏 놀

수도, 공부를 할 수도 없어. 또 엄마, 아빠가 아픈 너를 보살펴야 하기 때문에 일을 못 하게 돼. 결국 환자 한 명 때문에 많은 사람이 불편을 겪게 되는 거야. 그러니까 많이 먹으면 안 되겠지?"

사실 이 모든 것은 말로 설명하는 것보다 직접 보여주는 것이 효과적이다. 나는 칼에게 현실적으로 질병의 고통을 알게 해주기 위해 아픈 친구의 문병을 같이 갔다. 칼은 병원에 누워 있는 환자들을 보고 놀란 듯했다.

부모는 음식으로 아이를 격려하지도, 벌을 내리기 위해 악용하지도 말아야 한다. 또 공부 시간과 식사 시간을 엄격하게 구별해야 하며, 아이가 식사를 즐길 수 있도록 해야 한다.

한 사람의 하루 필요 열량은 키, 체중, 활동량이 얼마인지에 따라 차이가 난다. 체중은 현재 체중이 아니라 너무 마르지도 너무 뚱뚱하지도 않은 표준 체중을 기준으로 해야 한다.

주변 사람들은 내가 칼에게 지나치게 엄격하게 굴어서 칼이 먹고 싶은 음식을 충분히 먹지 못할 것이라고 말한다. 하지만 칼은 엄격한 교육 덕분에 음식을 절제할 줄 아는 좋은 습관을 갖게 되었다. 사실 음식에 대해 자제력을 갖는다는 것은 생각만큼 쉬운 일은 아니다. 어릴 때부터 합리적인 식습관을 갖게 하면 누구나 가능하다.

우리 동네에는 '고우드'라는 뚱보 소년이 살고 있다. 고우드의 부모는 늘그막에 자식을 얻어 기쁜 나머지 아들에게 언제나 최고의 음식을 먹이고 좋은 옷을 입혔다. 부모의 애정 공세에 걷잡을 수 없을 정도로 뚱뚱해진 고우드는 친구들에게 돼지라고 놀림을 받았다. 그러나 고우드의 부모가 아이를 위로할 수 있는 방법은 먹는 것을 주는 것밖에 없었다.

고우드는 음식 욕심이 많아 공부할 때도 쉴 새 없이 뭔가를 먹었다. 부모는 고우드가 공부하는 모습을 보면 기뻐서 과자나 사탕을 주며 격려했는데, 이것이 아이를 완전히 망친 것이다.

어느 날, 내가 고우드의 성적이 어떠냐고 물어보았더니 부모님은 깊은 한숨을 내쉬며 성적이 오르지 않는다고 하소연했다. 고우드의 부모는 아이에게 먹을 것만 주었을 뿐, 아이의 잠재력을 개발하기 위한 노력은 등한시한 것이다.

용기를
기르는 습관

용기는 사람을 적극적이고 진취적으로 만드는 원동력이다. 재능과 학식이 아무리 뛰어나다고 하더라도 용기가 부족하면 우유부단해져서 원하는 것을 쟁취하기 어렵다. 부모가 아이를 사랑하고 아끼는 마음에 자녀를 온실의 화초처럼 감싸서 키우는 경우가 있는데, 이것은 바람직한 교육이라고 할 수 없다. 또한 아이의 안전에 지나치게 신경을 쓴 나머지 용기를 심어주지 못할 경우 도전을 두려워하는 아이로 성장할 수 있다.

어느 날, 칼이 친구들과 놀다가 손가락을 다쳤다. 손에서 피가 흐르는 것으로 보아 고통스러웠을 것이 분명한데도 칼은 전혀 아픈 내색을 하지 않고 끊임없이 되뇌었다.

"용감해야 해."

칼은 이를 악물고 참으면서 친구들과 놀았다. 그날 저녁이었다.

"칼, 손가락 괜찮아?"

"아팠어요, 아빠. 그러나 울면 친구들이 어린애 취급할까 봐 참았어요."

"칼, 정말 대견하구나."

물론 그날 칼의 다친 손가락은 잠시 놀고 있는 사이 피가 멎었다. 당장 상처를 치료해야 할 정도로 심각한 수준도 아니었다.

그날 칼이 보여준 용기는 후천적인 훈련으로 단련된 것이었다. 칼은 어릴 때 여자아이들보다 더 겁이 많았다.

한번은 이웃집 여자아이와 놀던 중에 여자아이의 모자가 바람에 날아가 나뭇가지에 걸리고 말았다. 나무를 흔들고 돌을 던져도 모자가 떨어지지 않자 여자아이는 마침내 나무를 타고 오르기 시작했다.

하지만 나무에 오르는 것이 힘에 부쳤던지 계속 나무에서 미끄러졌다. 나무에 오르는 것을 단념한 여자아이는 결국 옆에서 놀고 있던 칼에게 도움을 요청했다. 칼은 여자아이보다 키도 크고 힘도 셌지만, 나무에 오르려고 하지 않았다.

마침 그곳에 있던 내가 칼에게 곤경에 처한 사람을 왜 돕지 않느냐고 물었다.

"위험하잖아요. 나무에서 떨어지면 어떡해요?"

"모자가 걸린 정도의 높이는 위험하지 않아. 그리고 나뭇가지를 꼭 잡고 오르면 떨어질 염려도 없고."

하지만 칼은 여전히 나무에 오르는 것을 두려워했다. 결국 내가 외투를 벗고 나무에 올라갔다. 사실 손으로 모자를 집을 수 있는 높이였지만 그렇게 하지 않았다. 나는 나무를 타고 올라간 다음 칼에게 말했다.

"이것 봐, 이 정도 높이가 위험하다고 생각해? 아버지도 올라왔는데, 네가 못 한다고?"

그제야 칼은 자신도 나무를 타보고 싶다고 말했다.

칼은 두려움이 사라졌는지 나무 꼭대기까지 오른 뒤 큰소리로 외쳤다.

"아빠, 별로 안 무서워요."

칼은 나뭇가지에 걸린 모자를 여자아이에게 던져주었다. 공포를 극복한 칼은 예전보다 훨씬 사내다워졌다. 사람들이 어린아이에게 나무 타는 법을 가르치는 것은 점잖지 못한 행동이라고 수군댔지만 아이가 용감해질 수 있다면 그런 것 정도야 얼마든지 감내할 수 있었다.

나는 도전 정신을 최우선 순위에 두는 영국식 교육법이 마음에 든다. 영국인들은 초등학생들을 대상으로 보이스카우트를 결성해서 주기적으로 탐험을 하며 열악한 환경에서 살아남는 법을 가르치고 있다.

영국 남부의 와이강 유역에는 급류를 타며 신체 훈련을 할 수 있는 기지가 있다. 그곳에서 아이들은 자주 탐험 활동을 하며 용기와 지구력을 단련한다. 아이들은 급류 속에서 살아남기 위해 수영하는 법과 노 젓는 법을 배우는 등 강도 높은 훈련을 받는다. 탐험 활동을 하는 중에 아이들은 또래와 어울리며 강인한 의지력과 용기, 협동 정신 등을 배운다.

수많은 사례에서 증명했듯이 부모의 과잉보호 속에 자란 아이는 무슨 일을 해도 자신감이 없다. 또한 장시간 부모의 과잉보호 속에서 성장하면 심리적인 균형을 잃고 부모에게 반항하게 된다.

ⓣip 체력은 어떻게 키워야 할까?

체력이란 육체적 활동을 할 수 있는 몸의 힘, 또는 질병이나 추위 등에 대한 몸의 저항 능력을 말한다. 체력은 크게 순발력, 지구력, 순간적으로 발휘되는 힘인 폭발력으로 분류된다.
순발력은 신체를 최대한 빨리 움직이기 위해 필요한 것으로, 우리 몸을 향해 오는 물체를 방어하는 힘이다. 단거리 달리기, 스키 점프, 높이뛰기 등을 통해 향상될 수 있다.
지구력은 외부의 저항에 오랜 시간 지탱할 수 있는 힘을 말한다. 유도, 카누, 스키의 알파인 같은 운동을 통해 향상될 수 있다.
폭발력은 외부의 커다란 장애를 극복할 수 있는 힘을 말한다. 역도, 포환던지기, 창던지기와 같은 운동을 통해 향상된다.

독립심을
기르는 습관

나는 칼을 교육하면서 본인 스스로 할 수 있는 일은 절대 도와주지 않았다. 부모가 아이 몫의 일을 대신한다는 것은 아이의 능력과 용기를 의심해 홀로 설 수 있는 기회를 빼앗는 것과 같다.

내가 아는 한 부인은 남편이 먼저 세상을 떠난 뒤 유일하게 남은 외아들을 온실 속 화초처럼 키웠다. 당연히 그녀의 아들은 무능한 아이로 자랐고, 인간적인 매력이 없어서 그런지 교우 관계도 좋지 않았다. 청년이 된 그는 공부도 게을리했고, 집안일에도 무관심했다. 아들의 인생을 망쳐버린 사람은 누구일까?

아이의 독립심은 국가 발전에도 중대한 영향을 미친다.

예로부터 독일에서는 아이의 독립심을 키우기 위한 독특한 전통이 전해 내려오고 있다. 귀족들은 자신의 자녀를 다른 귀족의 성에 보내 진정한 기사가 되는 법을 가르쳤다. 아이가 집을 떠나 혼자 생활하면서 기사로서 갖춰야 할 소양을 배울 수 있도록 기회를 제공한 것이다. 많은 부모들이 미성년자인 자녀의 도전 정신을 북돋우기 위해 이런 전통을 계승하고 있다.

아이들은 공포심이나 무력감을 느끼면 본능적으로 부모를 찾는다. 부모의 사랑은 아이에게 따뜻한 인간애와 에너지를 전한다. 하지만 그 사랑이 지나치면 의존성이 높아져 성인이 되어서도 부모에게 의지하려고 한다. 또한 이들은 자존감이 낮아 타인을 끊임없이 모방하기 때문에 자신의 롤 모델이 무너지면 쉽게 위축된다.

누군가가 말했다.

"위대한 사람은 다른 사람이 아니라 자기 자신을 만족시키기 위해 존재한다."

의존성은 잠복해 있는 질병과도 같다. 많은 부모가 아이에게 독립심을 길러주어야 한다는 것을 알면서도 아이가 잘못되는 것이 두려워 아이를 자신이 설계한 공간에 가두려고 한다. 이들은 자녀가 결정해야 할 몫을 도맡아 결정하는가 하면, 아이에게서 재능을 단련할 기회를 빼앗는다. 그래서 지속적으로 부모에게 의지하게 하는 악순환이 되풀이된다.

독립심을 기르는 일은 매우 중요하다. 나는 칼이 아기 침대 속에 있을 때부터 혼자 잠을 자게 했다.

심리적 수용 능력을
기른다

인류 발전에 새 역사를 쓴 사람 중에는 순탄한 환경에서 성장한 인재보다 역경을 헤치며 살아온 인재가 더 많다. 그도 그럴 것이 역경과 좌절은 사람의 의지력을 더욱 강인하게 단련하기 때문이다. 역경을 이겨낸 사람은 실패의 교훈을 바탕으로 차별화된 경쟁력을 갖는다.

사람은 살아가면서 누구나 크고 작은 좌절과 맞닥뜨린다. 강인한 정신력을 가진 사람은 실패에서 교훈을 얻고 일어설 수 있지만 나약한 사람은 좌절 앞에 쉽게 무릎을 꿇는다.

나는 칼에게 강인한 의지력을 심어주기 위해 실수했을 때는 그 사실을 용감하게 인정하고, 이에 따른 결과를 감내하게 한 뒤 다시 도전하라고 가르쳤다.

많은 부모가 자녀만은 자신이 살아왔던 고단한 삶의 전철을 밟게 하지 않으려고 갖은 노력을 쏟는다. 하지만 부모의 든든한 울타리 속에서 곱게 자란 아이는 문제 해결 능력을 배우지 못해 힘든 현실에서 도피하고 싶어 한다. 나는 부모가 자녀를 과잉보호하는 것은 범죄 행위라고 생각한다. 부모의 과잉보호는 자녀의 정신적인 성장을 가로막아 불안정하고 나약한 사람으로 만들 수 있기 때문이다.

세상에서 가장 정복하기 힘든 것이 자기 자신이라고 하지 않던가. 자신을 정복한다는 것은 자기 자신을 성공적으로 다스린다는 뜻이다. 그런 면에서 자제력은 인간이 갖춰야 할 가장 중요한 요건이다.

"마음의 병은 마음으로 고쳐야 한다."라는 말이 있다.

심리 훈련을 하려면 먼저 내면에서 일어나는 정서 변화부터 감지해야 한다. 사람은 화가 나면 얼굴이 붉어지거나 긴장하는 등 표정과 태도에 변화가 일어난다. '조용히 게임'(현대의 보드게임과 비슷한 원리로 나무토막으로 하는 놀이)은 아이가 이 같은 내면의 변화를 인식한 뒤에 심호흡을 통해 집중력을 강화하도록 하는 훈련이다.

자제력이 생기면 아무리 흥분해도 자신의 현재 상태를 이성적으로 인식할 수 있다. 자제력이 있는 사람은 마음의 평온을 유지하며 주변에 좋지 않은 일이 벌어져도 의연하게 대처할 수 있다.

이것은 공부뿐 아니라 무난한 대인 관계를 유지하는 데도 큰 도움이 된다.

내가 칼에게 악기를 가르친 이유는 연주를 통해 정서를 안정적으로 유지하고 두뇌 발달을 돕기 위해서였다. 그래서 칼이 연주를 하다가 실수를 해도 크게 질책하지 않았다. 칼은 특히 피아노 치는 것을 좋아했는데, 실력은 제자리걸음이었지만 별로 개의치 않았다.

칼이 아홉 살 때의 일이다. 칼은 더 이상 공부를 하지 않겠다고 선언했다. 자신은 용감한 기사나 장군이 되는 것이 꿈이라고 했다. 그래서 내가 걱정스럽게 물었다.

"그런데 칼, 넌 협객이 되고 싶은데 무예를 가르쳐줄 스승이 없어서 어떻게 하지?"

"동양에 가면 돼요."

"하지만 동양에 간다고 해서 스승을 찾을 수 있을까? 설령 찾는다고 해도 과연 그 스승이 네게 무예를 가르쳐주려고 할까? 네가 책에서 읽은 것들은 그저 소설 속 이야기일 뿐이야. 사람이 한 번에 몇십 미터씩 뛰어오른다는 게 말이 되니? 그건 사람의 능력으로는 도저히 불가능한 일이야. 그저 상상의 세계를 표현한 것뿐이야. 그리고 아빠가 동양 이야기를 해준 건 너에게 용감한 영웅 정신을 본받으라는 뜻이었어."

그래도 칼이 실망하기에 덧붙여 말했다.

"칼, 시대가 변했어. 네가 말하는 영웅과 장군은 지금처럼 과학이 발달하기 전에 칼을 들고 싸울 때 얘기야. 지금은 과학이 발달해서 장군이 되려면 무예가 아니라 풍부한 지혜와 학식을 갖춰야 해. 그리고 사람은 세상에 쓰임새 있는 존재로 살아갈 때 의미가 있는 거야. 영웅은 반드시 전쟁터에서만 필요한 게 아니야. 네가 자신의 장점을 잘 발휘하면 네가 몸담은 분야에서 영웅이 될 수 있어. 넌 수학도 잘하고 외국어 능력과 문학적 재능이 뛰어난데, 그걸 그냥 버리기에 아깝지 않니? 문학가가 되면 사상이나 감정을 언어로 표현하는 기쁨을 누릴 수 있고, 발명가가 되면 쓸모 있는 물건을 만들어낼 수가 있어. 그러니 네가 할 수 없는 일은 과감히 포기해야 해. 스스로 자신이 어떤 사람인지 깨우치게 되면 진정한 영웅이 될 수 있어."

그 순간 칼은 영웅의 숨은 의미와 자신의 목표를 깨달았는지 순순히 고개를 끄덕였다.

나의 권익은
스스로 보호한다

아이들도 언젠가는 어른이 된다. 사회인이 되어 자신의 권익을 지키려면 지혜로워야 한다. 나는 칼에게 권익 문제에 대해서도 가르쳤다.

어느 날 저녁, 칼이 신이 나서 말했다.

"아빠, 제가 요 며칠간 선행을 했어요. 칭찬해 주세요."

"무슨 선행을 했니?"

"보리 수확을 했어요."

알고 보니 칼은 근처에 사는 농부의 보리 수확을 도운 모양이었다. 남을 돕는 일은 좋은 일이다. 하지만 선행을 베풀 때는 올바른 대상에게 올바른 방법으로 베풀어야 한다. 아무런 원칙 없이 무상으로 일한다는 것은 잘못된 일이기에 나는 칼을 격려하지 않았다.

칼이 그 농부의 꾐에 넘어간 것 같았기 때문이다.

사실 그 농부의 수확을 도운 아이는 칼 혼자가 아니었다. 내 눈으로 직접 본 아이만도 서너 명은 되었다. 그 농부는 얄팍한 꼼수를 써서 아이들에게 보리 수확을 맡기고 자기는 팔자 좋게 짚더미 아래에서 낮잠을 자고 있었다.

칼에게 선행과 관련해 자초지종을 물어본 결과 농부가 아이들에게 찾아와 "선행을 하고 싶은 생각이 없니?" 하고 물었다는 것이다.

그러자 아이들은 보리 수확하는 일이 재미있을 것 같기도 하고, 선행을 하면 어른들에게 칭찬을 들을 수 있겠다는 생각에 흔쾌히 농부의 제안을 받아들인 것이다.

나는 칼에게 농부의 수법이 비열하다는 것을 알려준 뒤 사람은 자신의 권익을 스스로 지켜야 한다고 말해 주었다.

이튿날 칼과 아이들은 농부의 보리 수확을 열심히 도왔다. 그런데 점심때쯤 갑자기 먹구름이 몰려오기 시작했다. 애써 수확한 보리가 비에 젖을 경우 손해가 막심했기 때문에 농부는 마음이 다급해졌다.

"애들아, 소나기가 내릴 것 같으니 빨리 일을 끝내야겠다."

그러자 아이들은 그의 말을 듣기는커녕 쌀쌀맞게 농부를 쳐다보기만 할 뿐이었다.

"너희들, 일 안 하고 뭐 하니?"

이때 칼이 당당하게 앞으로 나가 말했다.

"저희가 그동안 일한 일당을 주시면 도와드리겠습니다."

"뭐라고?"

그는 몹시 당황해했다.

"일당을 달라니? 남을 돕는 건 미덕이라고 하지 않았니?"

"네, 맞아요. 하지만 아저씨는 남의 도움이 필요할 만큼 어려운 처지가 아니에요. 그러니 저희 일당을 주세요."

그러자 농부는 어쩔 수 없다는 듯이 칼과 아이들에게 일당을 주겠다고 약속했다.

나중에 이 일을 알게 된 사람들은 나에게 이런 식으로 교육을 시키면 아이들이 약삭빨라질 것이라고 걱정했다. 하지만 살아가면서 직접적으로 맞닥뜨리는 처세술은 학교에서는 절대 배울 수 없다.

악마는
어디에 있을까?

많은 부모가 자녀들에게 아무 생각 없이 귀신 이야기를 들려준다. 그러나 아이의 정신세계는 원시림과 다름없어서 귀신 이야기로 놀라게 하는 것은 눈밭에 물을 뿌리는 것이나 마찬가지이다. 따라서 부모는 세상에 떠도는 귀신 이야기를 아이들이 현실로 받아들이지 않도록 신경을 써야 한다.

한번은 칼이 세상에 악마가 있느냐고 물었다. 그래서 나는 있을 수도 있고, 없을 수도 있다고 대답했다. 그러자 칼이 말했다.

"아빠, 저는 있다고 생각해요."

"왜 그렇게 생각하는 거지? 본 적 있어?"

"아뇨. 하지만 모두가 그렇게 말하잖아요."

그래서 내가 말했다.

"귀로 들은 것을 모두 믿지 말고, 눈으로 본 것만 믿어. 네가 못 봤으면 없는 거야."

"하지만 사람들은 모두 있다고 하잖아요."

"그건 사람들이 제멋대로 추측한 거야."

"그렇다면 왜 있다고 하신 거예요?"

"그건 마음속에 사는 악마를 말한 거야."

칼의 진지한 모습을 보고 나는 분명하게 설명해 줄 필요가 있다고 생각했다.

"좋은 사람의 마음에는 악마가 없지만 나쁜 사람의 마음에는 악마가 있어. 나쁜 사람은 온종일 놀기만 해서 주변 사람들에게 해를 입히는데, 이런 사람이 악마가 아니고 뭐니? 남을 돕고 착한 일을 하는 사람은 천사지만 자기만 생각하는 이기주의자는 악마야. 그리고 칼, 언제나 정의가 거짓을 이긴다는 걸 잊지 마."

"네, 알겠어요."

칼이 흥분해서 말했다.

"악마는 나쁜 마음을 먹는 사람의 마음속에 있어요. 저는 정의로운 사람이 되어 악마를 무서워하지 않을 거예요."

이렇게 해서 악마에 대한 칼의 궁금증이 풀렸다.

대부분의 부모는 매우 포괄적인 의미를 담고 있는 '정의'에 대해 깊이 생각하는 것을 귀찮아한다. 대신 돈을 벌 수 있는 수단을 가르치느라 여념이 없다. 하지만 자녀를 진정으로 사랑한다면 이른바 처세 철학이나 자수성가하는 법을 가르치는 것을 멈추고, 좀 더 나은 삶을 위해 어떤 노력이 필요한지 가르쳐주어야 할 것이다.

. . .

사회라는 곳은 저마다 다른 꿍꿍이속을
갖고 살아가는 인간들의 집합체이므로 대인관계가 서툴면
갖가지 어려움이 따를 수 있다.

Chapter 6

인간관계의
비밀

경청의 기술

사람들의 고민은 대부분 인간관계에 있다. 인간관계에서 가장 중요한 것은 협동심, 경청, 명랑함, 도덕성, 예의, 자존심, 책임감이다. 그래서 칼에게 이런 덕목을 두루 갖추라고 이야기하곤 했다. 이런 덕목이 부족하면 사람들과 어울리기 어렵기 때문이다.

대인관계가 좋으면 순풍에 돛을 단 듯 삶이 순조로울 수 있지만, 대인관계가 좋지 않으면 가는 곳마다 벽에 부딪혀 사회 활동이 힘들 수 있다. 타인과 무난한 관계를 유지하는 사람은 일생을 별 탈 없이 살 수 있지만, 그렇지 못할 경우 평생 고된 삶을 살 수밖에 없다.

언젠가 한 친구가 이런 고백을 한 적이 있다.

"우리 가족은 누구도 터놓고 말을 안 해. 아내도 그렇고, 나나 아이들도 마찬가지야."

나는 가족회의를 열어 서로 마음을 터놓고 이야기를 해보는 것이 어떠냐고 조언했다. 그는 나의 조언을 받아들여 당장 가족회의를 열었고, 한 달에 한 번꼴로 새로운 리더를 뽑아 회의를 진행한다고 했다. 그리고 집안의 리더에게는 집안의 대소사에 대한 결정권을 위임하는 등 민주적인 분위기가 조성되었다고 했다.

훗날 친구가 말하기를 처음 가족회의를 열었을 때는 몹시 서먹서먹했지만, 시간이 지나면서 화기애애해져서 서로 마음을 터놓고 이야기하게 되었다고 했다. 마음을 터놓고 이야기하자 가족들의 얼굴이 밝아지면서 자녀 교육 문제도 자연스럽게 해결되었고, 부부간의 금실도 좋아졌다고 했다.

가족 간의 적극적인 의사소통은 부모와 자녀 관계를 더욱 돈독하게 할 뿐 아니라 그 자체로도 아이에게 좋은 교육의 모범이 된다.

칼은 네 살 때부터 부모를 비롯해 집안일을 도와주는 사람들과 함께하는 가족회의에 참석했다. 비록 어른들의 말을 제대로 알아듣지는 못했지만, 집안에 무슨 일이 일어났고, 가족 구성원이 어떻게 서로 의견을 나누며, 문제를 해결하려면 어떻게 해야 하는지 체험하게 했다.

가족회의에서는 중요하지만 지나치기 쉬운 문제도 다루었다. 일례로 아내는 자신이 빨래를 하거나 널 때 칼이 도와줬으면 좋겠다고 말했다. 가족회의 때 아이가 할 수 있는 작은 일을 논의하는 것은 부모가 아이를 이해하고, 아이가 부모를 믿고 따르는 데 도움이 된다.

나는 칼에게 지혜로워지려면 남의 말을 경청해야 한다고 말했다. 경청하게 되면 어른의 말을 들으며 하품을 한다거나 경솔한 반응을 보이지 않는다.

우리 부부는 칼이 잠들기 전에 그날 있었던 일을 이야기하며 무엇이 옳고 잘못됐는지 판단하게 했다. 이 과정을 통해 칼은 잘못된 행동을 반성하는 습관을 갖게 되었으며, 우리 부부는 칼의 대인관계에 대해서도 알 수 있었다.

나는 칼과 대화할 때 칼이 올바른 의견을 말하면 바로 수긍해 주고, 잘못된 의견을 말하면 올바른 이치를 설명해 주어 생각을 바로잡도록 도와주었다.

어느 날, 칼이 이웃에 사는 브라운 부인은 너무 격식을 따지고 불친절해서 싫다고 말했다. 그래서 내가 충고했다.

"칼, 아주머니가 잘 웃지 않아서 불친절해 보이는 것이지, 알고 보면 선량한 사람이야. 네가 친절하게 대하면 아주머니도 기뻐하실걸. 그러니 아주머니와 잘 지내도록 해봐."

내 말 한마디에 칼은 이후부터 브라운 부인을 다른 눈으로 보게 되면서 관계가 개선되었다.

나는 칼과 야외에서 산책을 하며 편안하게 속마음을 털어놓았다. 자녀의 말을 경청한다는 것은 부모가 자녀를 사랑하고 존중한다는 것을 의미한다.

소통은 시간, 장소, 환경에 구애받지 않는 인간관계의 종합예술이다. 나는 칼이 위로를 받고 싶어 할 때는 묵묵히 안아주며 따뜻한 사랑을 전했다. 또한 말하기 껄끄러운 일은 종이에 써서 전달했다.

가족회의의 위력

가족 구성원의 관계가 소원해지거나 아이에게 성격적인 문제가 생기는 이유는 구성원 사이에 감정적인 교류가 원활하게 이루어지지 않았기 때문이다.

아이들이 부모에게 거짓말을 하는 이유는 자신과 부모의 관계가 불평등하다고 생각하기 때문이다. 즉 부모가 자신의 문제를 제대로 이해하려고 하지 않고 야단을 치기 때문에 거짓말을 하는 것이다.

가족 간에 진정한 소통이 이루어지려면 이해, 관심, 수용, 믿음, 존중이 필요하다. 그리고 상대방의 눈높이로 문제를 바라볼 때 비로소 상대를 이해할 수 있고, 서로 다름을 인정할 때 수용할 수 있는 여유가 생긴다. 또 자기 자신을 진정으로 사랑할 때 타인에 대한 믿음이 생기고, 타인의 권리와 선택을 인정할 때 존중하는 마음이 생긴다. 나아가 천 마디 말보다 실행이 중요하므로 부모는 자녀에게 먼저 모범을 보여야 한다.

민주적인 가정 환경을 만들려면 온 가족이 자유롭게 자신의 의견을 밝힐 수 있어야 한다. 아이는 부모와의 관계가 평등하다고 느낄 때 부모를 더 깊이 이해하고, 적극적으로 자신의 능력을 보여 주려고 애쓴다.

남동생의 아들인 베르너는 칼보다 한 살 아래였는데, 아직 어려 주변 사람들의 귀여움을 독차지했다. 동생이 우리 집에 머물 때면 아내가 베르너를 지나치게 귀여워하는 바람에 칼이 몹시 씁쓸해했다. 이때 아내는 칼이 엄마의 사랑을 잃었다는 생각보다 타인을 배려하는 법을 배워 더욱 좋은 대인관계를 쌓기를 바랐다.

어느 날, 아내는 두 아이를 앉혀놓고 말했다.

"앞으로 나는 너희들 일에 끼어들지 않을 거야. 둘 다 어느 정도 컸으니 자기 일은 스스로 알아서 처리할 수 있을 거라고 믿어. 하지만 관계가 영 회복될 기미가 보이지 않으면 날 찾아도 좋아. 칼, 동생에게 잘할 수 있지?"

아내는 이런 식으로 칼이 가족 구성원으로서의 책임감을 갖고 동생을 보살피게 했다. 칼은 어느새 철이 들어서 동생에게 공부를 가르치기도 하고, 재미있는 이야기를 들려주기도 하는 등 형제의 우애를 쌓아갔다.

우리 부부는 한결 어른스러워진 칼과 집안 문제를 의논하기도 했다.

"칼, 이웃집 개가 너무 크게 짖어대는데 어떻게 하면 좋을까?"

우리가 집안 문제를 의논하는 사이에 부자간의 정은 더욱 두터워졌고, 서로를 좀 더 깊이 이해할 수 있게 되었다. 가족회의는 온 가족의 감성과 생활을 잇는 중요한 고리이다. 가족회의 중에 칼이 다소 미숙한 의견을 내놓아도 바로 정정하지 않고, 넌지시 알아채게 하여 올바른 결정을 내릴 수 있도록 했다.

한번은 칼이 온 가족이 야외로 소풍을 갔으면 좋겠다고 했다. 그래서 나는 시간과 장소를 칼에게 정하게 했으며, 준비물 목록까지 뽑아보도록 했다. 소풍 준비를 좀 더 완벽하게 하기 위해서 우리 부부는 여기에 몇 가지 추가 의견을 내 보완했고, 칼은 그 모든 것을 열심히 노트에 적었다. 칼은 그날의 소풍을 위해 시간과 장소를 정하고, 준비물 목록을 뽑는 동안 스스로에 대해 만족해하는 것 같았다.

가족과의 소통은 아이의 사회 적응력을 돕기 때문에 어린 시절부터 이루어져야 한다.

거만함, 대인관계를 망치는
가장 큰 장애물

　나는 칼에게 사람들과 사이좋게 지내려면 먼저 심리적인 거리감을 좁혀야 한다고 충고했다. 심리적인 거리가 멀면 누구와도 터놓고 소통할 수 없기 때문이다.

　사람은 누구나 허영심이 있다. 칼 역시 예외는 아니었다. 게다가 칼은 또래 아이들보다 훨씬 폭넓은 지식을 갖춘 것은 물론이고 천재라는 명예까지 얻은 터였다. 칼이 가진 이런 위력은 또래와 어울릴 때 걸림돌로 작용했다. 나는 칼이 학계에서 능력을 인정받은 뒤 조금씩 변화하는 것을 느낄 수 있었다.

　어느 날, 나는 칼과 함께 교회에 예배를 드리러 가다가 우연히 칼이 하는 행동을 보고 참을 수 없을 정도로 분노를 느꼈다. 또래들이 칼에게 다가와 다정하게 인사를 건넸지만, 칼은 딱딱하게 굳은 얼굴로 고개만 까딱이며 거만하게 굴었다.

칼에게 인사를 건넸던 또래들은 칼의 냉담한 모습에 당혹스러워했고, 몇몇 친구들은 내게 의미심장한 눈길을 보내 나를 민망하게 만들었다. 나는 그 자리에서는 아무 내색도 하지 않았지만 집으로 돌아와 칼에게 말했다.

"칼, 오늘 교회에서 왜 그랬어?"

"뭘요? 왜 이상하게 쳐다보세요?"

칼은 시치미를 뚝 떼고 이렇게 반문했다.

"네가 친구들에게 그렇게 차갑게 구는 것은 스스로 장애물을 만드는 것이나 마찬가지야."

"제 행동이 그렇게 심각했어요? 이젠 나이도 먹었으니 점잖게 처신한 거예요. 게다가 별로 친하지 않은 아이들이라 할 말이 없었어요."

나는 칼이 자신을 유명 인사라도 되는 듯 착각하고, 남을 하찮게 여긴다는 것을 알 수 있었다. 이럴 때는 백 마디 말로 이치를 설명하기보다 고생을 하게 내버려 두는 것이 낫다. 그래서 나는 더 이상 아무 말도 하지 않았다. 며칠 지나지 않아 칼은 안하무인격이었던 태도를 접고 울상을 짓고 있었다.

나는 정원에 멍하니 혼자 앉아 있는 칼에게 말을 걸었다.

"칼, 혼자서 뭐 해?"

"친구들이 저랑 노는 걸 싫어해요."

"어떻게 하는데?"

"모두 저만 보면 피해요."

"칼, 넌 재주도 많고 착한 아이야. 아빠는 그런 네가 자랑스러워. 그런데 요즘 들어 유난히 거만하게 굴었어. 그런 행동은 정말 어리석은 짓이야. 거만하게 구는 건 스스로가 자신의 미래에 장애물을 설치하는 것과 같아. 타인과 사이좋게 지내지 못하는 사람은 사방에 장애물을 설치해서 제대로 실력을 발휘할 수가 없어."

칼은 그제야 뭔가 깨달은 듯 황급히 내게 물었다.

"그럼 이제 어떡해야 해요?"

"잘난 척하지 말고 친구들과 어울리면 되지. 친구들에게 친절하게 대하면 다시 너를 좋아해 줄 거야."

칼은 내 말을 알아들었는지 다음부터는 사회적 환경이나 나이 구분 없이 누구하고든 잘 어울렸다.

대인 관계와
거리 조절

대부분의 사람들은 아이들은 순수하기 때문에 어른들이 최선을 다해 순수함을 지켜줘야 한다고 생각한다. 따라서 아이들에게 인간관계를 위한 처세술을 너무 일찍 가르치는 것은 좋지 않다고 생각한다.

하지만 아이들도 머지않아 사회에 나가 눈앞의 각종 난제를 해결해야 한다. 사회라는 곳은 저마다 다른 꿍꿍이속을 갖고 살아가는 인간들의 집합체이므로 대인관계가 서툴면 갖가지 어려움이 따를 수 있다.

칼은 괴팅겐 대학교에 입학한 뒤 다양한 사람들과 만나면서 대인 관계의 중요성을 실감한 것 같았다.

어느 날, 칼의 철학 교수가 칼이 어떤 가정교육을 받았는지 궁금하다면서 괴팅겐 근교에 있는 우리의 임시 거처로 찾아왔다. 칼은 매우 반갑게 교수를 맞이했지만 어쩐지 거리감이 느껴졌다. 나는 평소 격식을 따지는 사람은 아니었지만, 그날만큼은 예의를 지키며 시종일관 긴장감을 늦추지 않았다. 교수가 돌아간 뒤 칼이 말했다.

"아빠, 오늘은 꼭 예의의 표본을 보는 것 같았어요."

"너 교수님이 하시는 것 못 봤니? 교수님도 마찬가지였어."

"그래요? 그런데 교수님은 우리가 싫으면 오시지 말지, 왜 오셔서 그렇게 언짢은 표정을 짓고 계셨는지 알 수가 없어요."

"어색해서 그런 거야."

칼이 대인관계의 미묘함을 잘 모르는 것 같아 나는 인내심을 갖고 설명했다.

"시골에 살 때는 이웃 사람들의 생각이 모두 단순했어. 하지만 이제 우리는 도시로 왔고, 이제부터는 바뀐 환경에 적응해야 해. 물론 사람들에게 친절하게 대하는 건 옳은 일이야. 하지만 어떤 사람들은 널 이해하지 못할 수도 있고, 다른 목적을 갖고 너에게 접근할 수도 있어. 그러니까 상대방의 속마음을 잘 관찰해야 하는 거야. 따라서 잘 모르는 사람과는 거리를 두고 알아가는 시간을 갖는 게 좋아."

나는 칼이 이러한 세상 이치를 알아두면 세상을 살아가는 데 도움이 되리라고 생각했다.

성장한 칼은 상대를 편안하게 하는 깔끔한 매너로 인기가 좋았다. 칼을 아는 사람들은 한결같이 칼이 속이 깊고 분별력이 있는 사람이라고 칭찬했다.

나는 훌륭한 업적을 쌓은 학자들이 사교 경험이 부족해 어려움을 겪는 광경을 자주 봐왔기 때문에 칼에게 사교성을 기르게 하는 데도 노력을 아끼지 않았다. 그래서 물건을 사러 갈 때나 친구를 만날 때, 음악회에 갈 때면 늘 어린 칼을 데리고 다니며 사교성을 기르게 했다.

어릴 때부터 사교성을 기른 덕분에 칼은 중요한 모임이나 귀족, 왕족, 심지어 국왕이 있는 자리에서도 의젓하게 행동하여 좋은 인상을 남길 수 있었다.

아첨하는 말을
경계하라

한번은 세스 박사가 칼의 천재성과 인성을 테스트해 보자고
했다.

"아드님이 사람들 앞에서 거만하게 행동하지는 않나요?"

"아뇨. 전혀 그렇지 않습니다."

"신동이 자만심이 없다니, 비정상처럼 들리는데요?"

세스 박사의 말에 답답한 생각이 든 나는 직접 칼을 만나도록
주선했다. 세스 박사는 칼을 만나 여러 차례 깊은 대화를 나누었
다. 그런 뒤 다음과 같은 말을 했다.

"칼이 거만하지 않은 건 정말 불가사의한 일이에요. 대체 어떻
게 교육한 건가요?"

나는 칼에게 어떻게 교육을 받았는지 직접 이야기하게 했다. 세

스 박사는 칼의 이야기를 듣고는 이렇게 말했다.

"비테 목사님은 자녀 교육의 대가세요. 진정으로 존경합니다."

그 일이 있은 뒤 한번은 크로우 씨라는 외지 감독관이 괴팅겐에 있는 친척 집을 방문했다. 이미 신문과 입소문을 통해 칼 이야기를 들었던 그는 자기만의 방식으로 칼을 테스트하고 싶어 했다. 그래서 우리 부자는 친척 얼굴도 볼 겸해서 괴팅겐으로 향했다. 나는 평소대로 크로우 씨에게 어떤 경우에도 칼을 칭찬해서는 안 된다고 당부했다.

"칭찬만 하지 않으시면 뭘 테스트하셔도 상관없습니다."

그는 먼저 시사 문제를 테스트하고 난 뒤 문학과 수학을 테스트했다. 그는 칼의 답변에 몹시 만족스러워했다.

특히 수학에 재능이 있었던 칼은 제시된 문제를 두세 가지 방식으로 풀었는데, 자신이 아는 방식으로도 풀고 크로우 씨가 요구하는 방식으로도 풀었다. 크로우 씨는 예상외로 뛰어난 칼의 실력에 놀란 나머지 자신도 모르게 칼을 칭찬하고 말았다. 그래서 나는 눈짓으로 테스트를 그만두라는 신호를 보냈다. 하지만 이 흥미진진한 테스트는 계속되었다. 드디어 난이도가 최고로 높은 단계에 접어들었을 때 또다시 그는 칼을 칭찬했다.

"네가 아저씨보다 낫구나!"

나는 크로우 씨의 계속되는 칭찬에 분위기를 바꾸기로 했다.

"과찬이십니다. 칼이 이번 학기에 수학을 배워서 여태 기억하는 거예요."

그런데 크로우 씨는 거기에서 멈추지 않고 한 번 더 테스트를 하자고 했다.

"한 문제만 더 풉시다. 스위스의 수학자 오일러[1707~1783]도 3일 만에 푼 문제가 있는데, 만약 칼이 이 문제를 푼다면 정말 대단한 겁니다."

순간 나는 걱정이 되었다. 칼이 문제를 못 풀까 봐 걱정된 것이 아니라 문제를 풀고 난 뒤 득의양양해할까 봐 걱정되었다. 그렇다고 속도 모르는 크로우 씨에게 "더 이상 칭찬하면 안 돼요."라고 다짐을 받을 수도 없는 노릇이었다.

잠시 후 그는 칼에게 문제를 냈다.

"한 농부가 이 그림과 같은 땅을 네 아들에게 나눠주려고 했단다. 각자 똑같은 크기로 나눠 갖되 각각의 땅이 밭의 전체 모양과 같아야 한다고 일렀지. 이 문제와 관련된 내용을 본 적이 있니?"

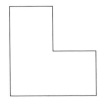

칼이 단 한 번도 본 적이 없는 문제였다. 그는 칼에게 문제를 풀게 한 다음 나를 방으로 불렀다.

"이 문제는 절대 풀 수 없을 거예요. 제가 이 문제를 낸 것은 칼

에게 세상에는 풀 수 없는 문제가 있다는 걸 가르쳐주기 위해서
예요."

하지만 그의 말이 채 끝나기도 전에 칼의 목소리가 들렸다.

"다 풀었어요."

"그럴 리가 없어!"

크로우 씨와 나는 눈앞의 현실을 믿을 수가 없었다.

"똑같은 모양으로 사등분하면 되는 거죠?"

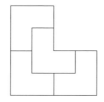

칼이 말했다. 그는 나에게 의혹의 눈길을 보냈다.

"전에 풀어본 적 있지?"

나는 그에게 칼이 이런 유형의 문제를 푼 것은 이번이 처음이
며, 절대 거짓말할 아이가 아니라고 말했다. 그제야 그는 감탄을
금치 못하며 말했다.

"세상에! 칼의 실력이 오일러 선생보다 낫다니……."

그때 내가 또다시 눈짓을 하자 크로우 씨가 눈치를 채고 고개를
끄덕이며 말했다.

"알겠어요. 그만하죠."

그러고는 내 귀에 대고 속삭였다.

"당신은 교육의 대가예요. 이런 식으로 한다면 칼이 아무리 재능이 뛰어나다고 해도 거만해지지 않겠어요."

칼은 어린 시절부터 세상 사람들로부터 늘 칭찬을 들으며 자랐지만, 나의 끈질긴 노력 덕분에 '자만'이라는 폐해를 입지 않았다. 칼이 겸손하게 자랄 수 있었던 것은 큰 축복이다. 나는 늘 칼에게 말했다.

"사람이 제아무리 실력이 뛰어나다고 해도 전지전능한 하느님 앞에서는 보잘것없는 존재라는 걸 알아야 해. 그러니 남보다 조금 능력이 뛰어나다고 해서 거만하게 행동하는 것은 정말이지 어리석은 짓이야."

나는 칼에게 아첨하는 말을 경계하라고 일렀다. 아첨하는 말에 혹하는 것은 '나는 바보입니다.'라고 말하는 것과 마찬가지라고 강조했다. 그래서 그런지 칼의 가슴은 언제나 겸손함으로 가득 채워져 있었다.

"아빠, 제가 얕게나마 식견을 지니게 된 것은 부모님 덕분이라고 생각해요."

칼이 자만심에 빠지지 않고, 교양 있고 섬세한 감수성을 지니게 된 것은 세심한 훈육이 있었기에 가능했다. 세심한 교육이 없었다면 칼은 칭찬이라는 달콤한 아첨으로부터 자신을 보호할 수 없었을 것이다.

지덕체가 균형을
이루도록 하라

예술은 삶을 풍요롭게 만드는 힘이 있다. 자녀가 행복하고 풍요로운 감성을 지니고 살아가기를 바란다면 문학과 예술에 흥미를 갖도록 도와야 한다. 나의 교육 목표는 칼을 건강하고 활동적이며, 행복한 청년으로 성장하게 하는 것이었다.

나는 칼에게 예술적인 안목을 높여주기 위해 집안의 사소한 소품 하나에도 신경을 썼다. 아무리 비싼 물건을 선물 받았더라도 집안 분위기와 어울리지 않으면 사용하지 않았다. 벽에는 보기만 해도 저절로 기분이 좋아지는 벽지를 바르고, 오랜 고민 끝에 고른 액자를 걸었다. 집 주변에는 정성껏 화단을 가꾸어 봄부터 가을까지 늘 활짝 핀 꽃을 볼 수 있도록 했다.

이런 노력 덕분인지 칼은 시간이 나면 집 주변의 풍경을 화폭에

담아냈다. 비록 칼이 화가가 되지는 않았지만, 나의 이런 노력이 풍부한 감성을 키우는 데 영향을 미쳤을 것이라고 생각한다. 나는 어릴 때 그린 칼의 그림을 아직도 간직하고 있다. 그 그림에는 칼의 유년 시절의 감성이 담겨 있기 때문이다.

이 밖에도 나는 칼의 문학적 감수성을 풍부하게 해 주기 위해 애썼다. 칼은 호메로스, 베르길리우스와 같은 위대한 시인의 작품을 좋아해서 그들의 시를 줄줄 외우는 것은 물론이고 직접 시를 쓰기도 했다.

사람들은 내가 자랑하기 위해서 칼에게 그림이며 음악 그리고 문학 분야의 재능을 키웠다고 생각하는데, 이것은 나를 잘 모르고 하는 소리이다. 나는 한 번도 칼을 특정 분야의 천재로 키울 생각을 하지 않았다. 단지 예술을 보는 칼의 안목을 높여 칼이 보다 풍요로운 인생을 누리기를 바랐을 뿐이다.

많은 사람이 정서적 안정을 찾기 위해 반려동물을 기른다. 나도 칼에게 생명의 소중함과 책임감을 느끼게 하기 위해 강아지를 기르게 했다.

칼이 네 살 때, 오랜만에 가족들이 모여 화기애애한 분위기 속에서 이야기꽃이 활짝 피었다. 그때 집에서 키우는 강아지가 뛰어들어오자 칼은 다른 아이들처럼 강아지의 꼬리를 잡아서 자기 쪽으로 끌어당겼다. 나는 칼에게 엄한 표정을 지으면서 칼의 머리칼을 잡아당겼다. 그러자 칼이 깜짝 놀라 강아지의 꼬리를 놓아주었다. 그제야 나도 칼의 머리카락을 놓아주며 말했다.

"칼, 아빠가 머리카락 잡아당기니까 기분 좋아?"

"아니요."

칼이 부끄러워했다.

"그럼 다시는 강아지의 꼬리를 잡아당겨서는 안 돼."

임마누엘 칸트는 말했다.

"자신의 감정을 상하고 싶지 않으면 동물 사랑을 실천해야 한다. 동물에게 잔인한 사람은 사람에게도 그럴 수 있기 때문이다. 동물을 대하는 태도를 보고 사람을 판단할 수 있다."

나는 칼을 지식만 갖춘 책벌레로 만들고 싶지 않았다. 그런 사람은 큰일을 해내기 어렵기 때문이다. 나는 칼이 '지덕체'를 두루 갖춘 사람으로 성장하기를 바라는 마음으로 그에 따라 교육했다. 덕분에 칼은 건강하고 지식이 풍부하며, 성숙한 인격체를 갖춘 사람으로 성장했다.

온 나라를 뒤흔든
자녀 교육법

어느 날, 우연히 메르제부르크 공립중학교의 프란츠 교장을 만났다. 그는 자녀 교육에 관심이 많았다.

"칼처럼 우수한 아이가 우리 학교에 와서 학생들에게 좋은 자극을 주었으면 좋겠습니다."

어린 칼이 학생들 앞에서 실력을 발휘하면 다른 학생에게 좋은 자극이 될 것이라고 믿었던 것이다. 하지만 나는 칼이 거만해질 것이 두려워 교장의 제의를 곧바로 승낙하지 않았다. 그러나 교장이 거듭 부탁하는 바람에 결국 칼과 함께 학교를 방문하기로 했다. 프란츠 교장은 학교 시설물에 대해 간략히 설명한 뒤 우리를 교실로 안내했다.

교장은 그리스어 교사로, 『플루타르크 영웅전』의 수업 준비를 하고 있었다. 우리는 수업에 참여했는데, 수업 중에 교장이 학생들에게 난이도가 높은 질문을 하자 어떤 학생도 대답하지 못했다. 그러자 교장은 어쩔 수 없다는 듯이 칼에게 질문했다. 칼은 그다지 힘들어하지 않고 논리정연하게 교장의 질문에 대답해 학생들을 놀라게 했다.

교장은 학생들에게 자극을 주기 위해 칼에게 라틴어판 『율리우스 카이사르』와 관련된 질문을 했다. 칼은 이번에도 막힘없이 대답했다. 뒤이어 칼은 교장의 부탁으로 이탈리아어로 된 책을 유창하게 읽었다. 그는 프랑스어로도 질문하고 싶어 했지만 마땅한 교재를 찾을 수 없자 직접 프랑스어로 말을 걸었다. 칼은 프랑스어 역시 모국어로 말하듯 자신 있게 대답했다.

그 일은 칼이 여덟 살 때인 1808년 5월 20일에 있었던 일이다. 그리고 사흘 뒤인 23일 〈함부르크 통신〉에 '지역 역사상 가장 놀라운 사건'이라는 제목으로 칼의 일화가 소개되었다. 이 소식은 전국의 신문에 대서특필되었다.

나는 당시의 기사를 지금도 보관하고 있다.

칼비테는 목사의 아들이다. 그가 공부를 시작한 지 5년밖에 되지 않았다는 사실을 믿을 수가 없다. 칼은 재능이 뛰어나지만 겸손하고, 여느 아이들처럼 건강하고 명랑하다.

칼의 아버지에 따르면 칼은 타고난 천재가 아니라 합리적인 교육을 통해 각종 지식을 쌓았다고 한다. 하지만 안타깝게도 겸손한 칼 비테의 아버지는 이와 관련해 자세한 언급은 삼가고 있다.

이 소식은 하룻밤 사이에 온 나라를 뒤흔들었다. 칼이 유명해진 후 여러 학자와 교육 전문가들이 칼을 찾아왔는데, 이들은 칼의 실력에 감탄을 금치 못했다.

라이프치히 대학교의
입학 허가서

칼이 뛰어난 재능을 가졌다는 사실이 알려지자 라이프치히 대학교의 교수와 시 관계자가 칼을 라이프치히 대학교에 입학시키는 것이 어떠냐고 제의해 왔다.

얼마 후 코머스 중학교의 교장인 러스터 박사가 칼을 테스트할 수 있도록 허락해 달라고 부탁했다. 나는 이 제안을 받고 망설였다. 칼에게 이런저런 테스트를 받게 한다는 것이 썩 내키지 않았기 때문이다. 하지만 러스터 박사와 깊이 있는 대화를 나눈 끝에 그가 속이 깊은 사람이라는 것을 알고 테스트를 허락했다.

나는 러스터 박사에게 예전처럼 칼 자신이 테스트를 받는다는 것을 모르게 해 달라고 부탁했다. 러스터 박사는 그렇게 하겠다고 약속했다.

1809년 12월 12일, 칼의 테스트는 평상시와 같은 분위기 속에서 진행되었다. 러스터 박사는 테스트를 마친 뒤에 칼에게 다음과 같은 추천서를 써주었다.

> 요청에 따라 금일 10세인 칼 비테를 테스트했다.
>
> 본인은 『일리아드』의 발췌문으로 그리스어를 테스트하고, 『아이네이스』의 발췌문으로 라틴어를 테스트했으며, 또 다른 책으로 프랑스어를 테스트했다. 모두 난이도가 높은 문제였지만 문제없이 대답해 칼의 실력이 상당한 수준임이 입증되었다.
>
> 칼은 다양한 외국어의 기초가 튼튼하고, 이해력이 뛰어나며, 박학다식하다. 이 모든 교육은 아버지인 칼 비테 목사로부터 받았다고 한다.

러스터 박사는 친필로 라이프치히 대학교의 학장에게 칼은 열 살짜리 아이지만 대학 수업을 이수할 수 있는 능력이 입증되었다고 강조했다. 또한 편견을 버리고 칼을 대학교에 입학시킨다면 대학교의 발전에도 큰 도움이 될 것이라고 덧붙였다.

학교 측은 러스터 박사의 테스트 결과를 받아들여 이듬해 1월 18일 칼에게 대학 입학 허가서를 내주었다.

라이프치히 대학교에 입학하던 날 나는 칼을 데리고 학장인 존스 박사를 찾아가 면담을 했다. 이후 존스 박사는 시의 권위 있는 인사들에게 칼의 출중한 재능을 소개하며, 경제적 후원을 부탁하는 편지를 보냈다.

칼 비테는 올해 겨우 열 살이지만 열아홉이나 스무 살 청년들보다 더 똑똑합니다.

프랑스어, 이탈리아어, 영어, 그리스어를 자유롭게 구사합니다. 최근 칼을 테스트한 많은 학자들은 칼의 재능에 혀를 내두르고 있습니다. 칼은 국왕 앞에서도 테스트를 받은 적이 있습니다. 그는 외국어 외에 문학, 역사, 지리, 생물 등의 과목에도 지식이 풍부한데, 이 모든 것을 가르친 사람은 부친이었습니다. 칼의 부친 역시 칼의 재능에 뒤지지 않는 셈이지요.

칼은 다른 신동들과 달리 건강하고, 명랑하며, 예의가 바른 보기 드문 학생입니다. 환경만 조성된다면 칼은 탄탄대로를 달릴 것입니다.

걱정스러운 것은 가난한 시골 목사인 칼의 아버지가 언제까지 칼의 교육에 전념할 수 있을지 염려됩니다. 칼의 아버지는 아들이 대학에 다니는 3년 동안 가족과 함께 시에서 살고 싶어 하는데, 그렇게 하려면 지금까지 하던 일을 그만둘 수밖에 없습니다. 칼은 1년에 4마르크만 있으면 계속해서 라이프치히에 머물며 공부할 수 있습니다. 부탁건대 매년 4마르크씩 3년만 후원해 주십시오.

몰락할 수도 있는 인재를 돕는 영예로운 사업에 동참해 주신다면 더없는 영광으로 생각하겠습니다. 만약 비테 목사님이 이곳에 이주해 와 같은 방법으로 이곳의 아이들을 가르친다면 우리의 교육 발전에도 큰 도움이 될 것입니다.

여러분! 영예로운 사업에 꼭 동참해 주시기 바랍니다.

이 편지는 큰 반향을 일으켰고, 결국 칼은 매년 4마르크가 아닌

8마르크의 후원을 받을 수 있었다. 또한 정부 측에서는 나에게 칼의 곁에 머물며 계속 교육할 수 있도록 새로운 교구의 목사 자리를 알선해 배치하고 월급도 두 배나 인상해 주었다.

ⓣip 성공한 영재를 만드는 세 가지 원칙

많은 영재가 영재로 인정받는 것은 크게 어렵지 않지만, 다른 영재들과의 경쟁에서 살아남아 그 분야의 대가가 되는 것은 쉽지 않다. 그래서 지구상의 수많은 영재들이 평범한 시민으로 살아가는 것이다.

성공한 영재들에게는 남다른 정신적 능력이 있다. '내재적 동기'와 '유연한 태도', '정신적 독립성'이 그것이다. 이런 능력은 측정과 전수가 어렵기는 하지만 자신에게 이 세 가지 요소가 결핍되어 있다면 있는 힘껏 노력하여 자신의 것으로 만들어야 한다.

4년간의
괴팅겐 대학교 생활

나는 국왕에게 목사직에서 사임하기 위한 사표를 내려고 칼을 데리고 카셀로 갔다. 당시 국왕은 프리드리히가 아니라 베스트팔렌 왕국의 국왕 제롬(나폴레옹 1세의 동생)이었다. 베스트팔렌은 나폴레옹 1세가 1809년에 엘베강 서쪽에 건립한 왕국으로, 당시 그의 동생인 제롬 국왕이 그 지역 일대를 통치하고 있었다.

우리가 카셀에 갔을 때 공교롭게도 국왕은 궁전에 없었다. 그날 우리를 맞이한 대신은 처음에는 칼의 재능을 의심했지만 충분한 대화를 나눈 끝에 실력을 인정하고 감탄을 금치 못했다. 그는 철학, 문학, 천문, 지리, 역사 등을 세 시간에 걸쳐 테스트했는데, 칼은 그의 질문에 막힘없이 대답했다. 그는 칼을 명실상부한 천재로 인정한다며 다음과 같은 질문을 했다.

"우리나라에도 좋은 대학교가 많은데 칼을 왜 굳이 외국으로 보내려고 하는 건가요?"

그는 칼을 라이프치히에 보내지 말고 국내에 머물 것을 권했다. 그는 그날 만찬에 우리 부자와 정부 대신들을 초대했다. 만찬 자리에서도 사람들은 칼을 테스트했고, 테스트 결과에 매우 흡족해했다. 그들은 상의 끝에 칼을 국내에 있는 할레 대학교나 괴팅겐 대학교에 보내면 장학금을 주겠다고 약속했다.

하지만 우리는 라이프치히 사람들과의 약속을 저버릴 수 없어서 이들의 제의를 거절했다. 그런 뒤 나는 할레 지역 목사직에서 사임하기 위해 국왕이 올 때까지 기다렸다.

7월 29일 나는 국왕의 대신으로부터 편지 한 통을 받았다.

폐하께 귀하의 사직 의사와 아드님의 뛰어난 재능에 대해 보고했습니다.

폐하께서는 귀하가 크리스마스 이후에 현직에서 물러날 것을 허락하셨고, 아드님이 졸업하면 다시 교구를 지정해 주신다고 했습니다.

하지만 본국에도 좋은 대학이 많은 만큼 국내 대학교에 아드님을 진학시켰으면 하고 바랍니다. 아드님을 괴팅겐 대학교에 진학시키면 금년 크리스마스 이후 3년 동안 매년 60마르크의 장학금을 지급받을 수 있으니 외국에 갈 필요도 없고, 외국의 도움을 받을 필요도 없습니다.

금일부터 크리스마스까지 두 달 내에 괴팅겐으로 이사할 준비를 하십시오. 폐하의 뜻을 전하게 된 것을 기쁘게 생각하며, 이 조치가 아드님의 학업에 도움이 되기를 바랍니다.

이렇게 해서 칼은 가을 학기부터 국가의 후원을 받으며 4년간 괴팅겐 대학교에 다닐 수 있었다. 나는 칼이 너무 어린 탓에 마음이 놓이지 않아 함께 학교에 다니며 칼을 보살폈다.

열한 살의 나이에 스무 살의 청년들과 공부를 하면 긴장하게 마련이다. 하지만 칼은 전혀 긴장하지 않고 대학 생활을 무난하게 해냈다.

1812년, 칼은 열세 살의 나이로 '나선'에 관한 논문을 발표해 학자들의 호평을 받고 상도 받았다.

약속했던 장학금 지급 기한이 끝나자 국왕은 이듬해까지 기한을 연장해 주어 칼이 마음껏 공부할 수 있도록 배려했다.

같은 해, 나폴레옹의 러시아 정벌이 실패하는 바람에 베스트팔렌 왕국이 쇠퇴의 길로 들어서자 베스트팔렌 정부는 칼을 하노버, 브라운슈바이크, 카셀 정부에 추천했다.

전쟁 중이라 각국의 경제 사정이 그다지 좋지는 않았지만 하노버, 브라운슈바이크, 카셀 세 나라에서는 기꺼이 칼의 학비를 지원해 주기로 약속했다. 그 당시 여러 나라에서 칼의 학문적 업적을 얼마나 중요하게 생각했는지 알 수 있는 대목이다. 그들의 호의에 깊이 감사드린다.

열다섯 살짜리
박사

1814년 4월, 칼은 여행 중에 기센 대학교를 방문했다가 철학 교수들이 공동으로 개최하는 학술 세미나에 참가했다. 토론을 마친 뒤에 교수들은 칼의 학문적 업적을 칭송하는 한편 1812년에 발표했던 논문도 높이 평가했다. 이 일로 칼은 1814년 4월 10일, 기센 대학교의 학장으로부터 철학 박사 학위를 받았다.

우리 부자는 마지막 학기의 학비를 받기 위해서 브라운슈바이크에 가야 했다. 칼의 마지막 학기의 학비를 하노버, 브라운슈바이크, 카셀 정부에서 공동으로 지원했기 때문이다.

1814년 5월 3일, 이제 칼의 나이 열다섯이었다.

하노버의 지식인들이 모인 가운데 칼이 독일어로 강연을 했다. 당시 칼은 급하게 학비를 받으러 다니느라 강연 준비는커녕 밤에 잠잘 시간도 모자랐지만 허둥대지 않고 훌륭하게 강연을 했다.

'혹시 원고를 보고 읽는 것이 아닐까?' 하고 의심했던 사람들은 몰래 뒤로 가서 맨손으로 연설하는 칼을 보고 깜짝 놀랐다.

하노버 정부는 칼의 학문적 업적을 인정하고 원래 주기로 약속했던 액수보다 더 많은 학비를 지급했다. 하노버 공작 역시 브라운슈바이크 공작처럼 칼이 원하면 영국으로 유학을 보내주겠다고 약속했다.

칼이 대학을 졸업한 뒤 나는 칼의 진로를 두고 고민하지 않을 수 없었다. 가장 빠르게 성장하는 길은 기존에 해왔던 공부를 계속하는 것이었다. 하지만 그렇게 한다면 한 분야에만 정통한 학자가 될 것 같아 걱정이었다. 나는 깊은 생각 끝에 그 길을 선택하지 않았다.

나는 칼이 더 풍부한 지식을 쌓기를 바라는 마음에서 법과 대학에 진학시키기로 했다. 그러자 한 수학 교수가 우리의 결정을 애석해 하며 나에게 그 이유를 물었다. 그래서 나는 이렇게 말했다.

"열아홉 살이 되기 전에 다양한 지식의 세계를 알아야 나중에 자신이 진정으로 공부하고 싶은 학과를 선택해 깊이 있게 공부할 수 있을 것 같아서입니다. 칼이 열아홉 살 이후에도 수학을 좋아하면 그때는 수학을 전공하게 해야죠."

칼은 하이델베르크 대학교에서 법학을 전공할 때도 좋은 성적을 받고, 교수와 학생들의 사랑을 받았다.

건강하고
즐거운 영재

누군가 내게 칼이 조기교육을 받아서 우수한 성적을 받긴 했지만 이 문제로 아이의 건강을 해치지는 않았느냐고 물었다. 건강하게 살아간다는 것은 매우 중요한 일이다. 다행히 칼은 어린 시절은 물론이고 커서도 매우 건강했다.

독일의 시인 하이네는 웰란에게 보낸 편지에서 "칼이 열한 살 때 테스트해 본 적이 있는데, 비범한 재주도 놀라웠지만, 몸이 건강하고 성격이 명랑해서 더 놀랐다."라고 썼다.

앞에서도 언급했지만, 칼은 하루 종일 책상 앞에 앉아서 어린 시절을 보내지는 않았다. 마음껏 뛰어놀고, 좋아하는 책을 마음껏 읽고, 신나게 악기 연주를 했다.

나는 영국 시인 드라이든의 이 시구를 매우 좋아한다.

나는 진리의 참맛을 느끼며 살아가는 칼이 누구보다 행복해 보였다.

옛날부터 학자는 고리타분하다는 인식이 강했는데, 칼은 어릴 때나 성인이 됐을 때나 주변 사람들과 즐겁게 어울렸다. 문학적인 재능이 뛰어났던 칼은 이미 어린 나이에 동서고금의 문학 작품을 두루 섭렵했고, 뛰어난 감성으로 시와 산문을 썼다.

나는 인격과 학식을 두루 갖춘 칼을 보며, 오랜 시간 공들였던 칼의 교육을 자랑스럽게 생각한다.

자녀 교육에
관심이 많은 부모님께

나는 칼이 이룬 눈부신 학문적 성과가 자랑스럽다. 하지만 그보다 더 자랑스러운 것은 나의 교육 이론이 그저 그런 잠꼬대가 아니라 현실적으로 적용이 가능한 교육법이라는 사실이다.

이 책은 교육가들이 참고했으면 하는 참고 도서로 쓴 것이 아니라 자녀 교육에 관심이 많은 부모들에게 당대에 유행하는 교육 방법 외에도 또 다른 방법이 있다는 것을 알려주기 위해서 썼다.

나는 합리적인 교육을 받은 아이는 보다 훌륭한 성인으로 성장할 수 있다고 믿는다. 칼이 만족할 만한 교육적 성과를 낼 수 있었던 것처럼 누구나 믿음을 갖고 적기에 올바른 교육을 한다면 반드시 원하는 결과를 얻을 수 있다.

최근 필자 때문에 기존의 교육자들이 무능하다고 질책을 받는다고 한다. 교육자들을 질책해서는 절대 안 된다고 그토록 열심히 당부했건만 이런 사태가 벌어지고 말았다. 문제는 부모라는 것, 부모가 가정 교육을 제대로 시키지 않는다면 제아무리 유능한 교육자가 교육한다고 해도 힘들다는 사실을 알아야 한다.

사실 나와 비슷한 교육관을 가진 교육자는 흔치 않다. 하지만 나를 이해해 주는 사람이 있어 위로가 된다. 페스탈로치는 나의 교육관을 인정한 첫 번째 사람이다. 사람들이 나에게 의혹의 눈길을 보낼 때

그는 이렇게 말했다.

"당신의 교육은 반드시 성공할 것입니다."

최근 페스탈로치와 파리 대학의 줄리앙 교수가 내 교육 방법을 세상에 공개하라고 권했다.

14년 전, 나의 교육법을 적극적으로 지지한 페스탈로치는 나의 교육관을 반드시 책으로 펴내 세상에 알려 달라는 부탁의 편지를 보내왔다.

14년이 지난 지금, 페스탈로치는 예상했던 것보다 결과가 훌륭하다는 칭찬을 했다. 덧붙여 아들 칼은 천재라고 말하며, 내 교육의 성과를 의심하는 사람들이 있다는 사실을 안타까워했다. 페스탈로치는 그들에게 진실을 알리기 위해서라도 나의 교육법을 자세히 밝히는 작업이 필요하다고 말했다.

그는 내 교육 방법을 세상에 알리는 일은 모든 아이들이 영재 비법의 혜택을 받을 수 있는 길이기에 매우 의미 있다고 했다. 그의 편지를 읽고 나는 마음이 움직였다. 그는 아이들을 먼저 생각하는 참된 교육자라는 생각이 들었기 때문이다.

이렇게 간곡히 권유한 페스탈로치와 나의 교육 방법을 응원하는 많은 사람들을 위해 나는 열과 성의를 다해 원고를 집필했다.

갖은 노력 끝에 이 책을 쓰고 나니 가장 먼저 나의 교육관에 관심과 지지를 보내준 많은 친구들이 생각난다. 그들에게 이 책을 바친다. 다음으로 아무 대가 없이 호의와 도움을 베푼 러스터 박사, 라이프치히의 마음씨 좋은 시민들, 제롬 국왕 폐하, 브라운슈바이크 공작, 하노버 공작 등에게도 감사의 뜻을 전한다.

칼 비테